读懂投资　先知未来

大咖智慧
THE GREAT WISDOM IN TRADING

成长陪跑
THE PERMANENT SUPPORTS FROM US

复合增长
COMPOUND GROWTH IN WEALTH

一站式视频学习训练平台
WWW.DUOSHOU108.COM

多周期技术分析

了解市场结构，跟随趋势盈利

[美] 布瑞恩·沙侬 著
(Brian Shannon)
姚燚 康民 译

山西出版传媒集团
山西人民出版社

图书在版编目(CIP)数据

多周期技术分析／(美)沙侬著；姚燚,康民译. --太原：山西人民出版社,2015.7
ISBN 978-7-203-09189-9

Ⅰ.①多… Ⅱ.①沙… ②姚… ③康… Ⅲ.①金融市场-研究 Ⅳ.①F830.9

中国版本图书馆 CIP 数据核字(2015)第 186708 号
著作权合同登记号：图字:04-2015-031

多周期技术分析

著　　者：(美)布瑞恩·沙侬
译　　者：姚　燚　康　民
责任编辑：张晓立
助理编辑：郭向南
出 版 者：山西出版传媒集团·山西人民出版社
地　　址：太原市建设南路 21 号
邮　　编：030012
发行营销：0351-4922220　4955996　4956039　4922127(传真)
天猫官网：http://sxrmcbs.tmall.com　电话:0351-4922159
E-mail ：sxskcb@163.com　发行部
　　　　　sxskcb@126.com　总编室
网　　址：www.sxskcb.com
经 销 者：山西出版传媒集团·山西人民出版社
承 印 者：三河市利兴印刷有限公司
开　　本：710mm×1000mm　1/16
印　　张：14.5
字　　数：260 千字
印　　数：1—6100 册
版　　次：2015 年 10 月　第 1 版
印　　次：2015 年 10 月　第 1 次印刷
书　　号：ISBN 978-7-203-09189-9
定　　价：48.00 元

如有印装质量问题请与本社联系调换

序

你是否怀有激情？在生命中有没有一件事能让你在不做它的时候却一直想着它？对一件事真正抱有激情是无法伪装出来的，也是学不来的。事实上，它就是那么自然而然地发生，这是生命赋予我们的回报之一，正是它激励着我们充实地度过生命当中的每一天。

对许多人来说，对生命的激情通过工作或者运动来实现，我则幸运地从二者之中均获得了一种满足感。很遗憾会看到有的人并没有意识到他/她自身的激情，因为我相信我们所有人在生命中都应该对某件事无比地在意以至于接近"痴迷"的程度。

股票市场能否燃起你的激情？你曾盼望着周末快点过去以便能早点执行你制定好的交易计划吗？你曾梦到过股市吗？我会大方地承认我有过这样的经历。甚至它并不总是与钱有关；对我而言，它更多的是一种智力上的挑战，是感觉自己仿佛成功地主宰市场的那一刹那所带来的满足感。其实我并不相信有人能真正主宰市场，但是那些时而会有的感觉自己才华横溢的瞬间和连续不断的成功交易已经足以弥补我们大部分时间在市场上的默默无闻。

股市里没有常胜将军，没有！能够持续获得良好业绩的市场参与者们是那些了解市场结构并注重无时不在的风险的人们。与仅是以对财富的追逐为目的的人相比，那些把对这个游戏的热爱作为动力的人们会从参与股票市场中获得更大的满足感。

如果你对股票市场怀有激情，这本书对你会是个有价值的资源，它将有助于你进一步探索如何在市场上获得成功的答案。我不会假装自己知道所有的答案，并且坦白地告诉你，如果有人对你如此声称的话，你听到或者读到的很可能是谎言。

这本书已经在我脑海里酝酿了几个年头，最初我对是否写这本书多少有些犹豫，因为我还在不断地学习和探索自己的方法。顺便说一句，随着时间的推移，这本书中有些理念或许也会变得过时。当然我希望不会，但是的确存在着这种可能性。

然而，有一件事我能做出保证，那就是单靠阅读一本书并不能使你在股市中获取成功，就好像单凭激情同样不能获得成功一样。如果你的目的是寻找一条在股市中快速致富的捷径，那么现在就合上这本书，去买一本充斥着那种谎言的书吧。你很可能最后会空手而归。正如你将看到的，你具备必要的知识，你努力工作，但是成功最终将取决于一个词——纪律。如同实现人生中的其他任何目标一样，努力工作是在股票交易中获取成功所必需的。但是如果不依靠严格的纪律性来识别和控制潜入你决策制定过程中的情绪因素，你所有的努力很可能最终都将化为泡影。

金融市场遵循其参与者的行为驱动的竞价机制，为了真正了解市场，你首先需要理解这些市场参与者各自行为背后的动机。**这本书的目的就是帮助你理解和识别市场结构；无论你习惯于在哪一个时间周期上交易，这都将进一步帮助你找到自己的交易优势。**

在书中的各个章节，你会看到我将不断地强调要理解为什么一些特定的技术形态会重复发生。你将立即注意到仅仅记住这些形态是不够的。任何分析市场的方法都称得上是一种艺术形式，而对交易策略的实际执行则把这种艺术提升到一个更高的层次。**本书将帮助你了解如何通过分析找到低风险高收益的交易机会，并在对风险的持续关注中执行你的交易计划。**

总而言之，如果你对投身变幻莫测的股票市场怀有一份激情并且具备必要的纪律性来保持这份激情的话，你必将发现属于你的宝藏。

引 言

我几乎花费了毕生的时间来分析市场，通过钻研无数的图表从而试图找到一个完美的技术形态或指标。我一直无法放弃在市场上追求"完美"的想法。而在内心深处我确信那种完美——无论它是指什么——是不存在的。对我而言，在市场上持续盈利并且压力最小的方法就是跟随趋势交易。趋势存在于所有的时间周期上，具体哪一个时间周期最适合于你的个性则取决于你自己的选择。本书中谈到的分析技术将有助于你在任何时间周期上分析和跟随趋势盈利。

作为一名交易者其首要的任务是履行一名风控经理的职责。业余选手敢于承担让专业人士都畏缩不前的风险。而事实是，专业人士也都曾经是业余选手。一路走来他们很可能经常会回顾那些曾由于过分贪婪犯下的风险性错误，这些错误最终除了让人心惊肉跳、得不偿失外不会有任何好的结果。贪婪是一名散漫的市场参与者的典型特征，他无视甚至根本不知道自己正在承担的风险，直到一切都为时已晚。对这一点你要从一开始就给予足够的重视并加以应对。

作为一名尽力把握市场时机的交易者，你的"工作"简单明了：使你的决策与价格走势保持同步。为了持之以恒地做到这一点，你需要能够正确解读"市场传递出的信息"。我们的目标是把握好交易时机，以使你的账户资产暴露在最小的亏损风险之下的同时具备最大的获利可能。

为了成功地交易，你需要和市场保持步调一致，而不是把自己的想法强加于市场之上。当市场没有给出明确的方向时，正确的解读应该是保护本金，待在场外静候低风险的机会浮现。据说"知道什么时候买与知道买什么同等重要"。一遍又一遍地对你自己重复这句话，今后在你做出交易决策时让这句箴言一直在你耳边回响。

交易者能长期保持突出业绩源于当市场处于不确定性时能保护好本金，使其不受损失，而当市场上出现有施展的空间时能即刻投入资金抓住机会。你只需要少数几个策略就能做到持续不断地获取盈利，使用太多方法只会让事情变得更复杂。好消息是随着可供交易的各类金融产品以及可供选择的各个不同时间周期越来越多，即便是最苛刻的交易策略市场也为之提供了近乎无尽的交易机会。

你时常会听到要想成功交易必须比别人多具备一项"上手优势"。经过多年的交易我认识到我特别的优势在于能够清楚客观地观察市场走势，然后根据市场的指示进行交易。我绝不会把我的想法强加于市场之上，而是认真聆听市场发出的声音，不带有任何自大心理地进行交易。

这本书的目的是使你牢固地掌握市场的动态机制，以便使你能在对市场结构有一个全面了解的基础上培养起自己的交易优势。任何一个基于对市场趋势透彻领悟的交易策略都应该能为严守纪律的交易者带来盈利。

纪律第一。如果你仔细想想在市场上什么能为你所控，又有什么不能为你所控，现实就会迅速浮出水面。在市场上除了自己的操作外能为你所左右的事情微乎其微。所以，你需要具备的最为重要的特性就是纪律性：

- 你必须愿意为自己所有的操作承担全部责任。

- 如果你期望完美的结果并且为无法实现的完美寻找各种借口的话，你将永远不能从交易中获得真正的满足感。由于缺乏观念上的灵活性和对交易并不总会如愿以偿的预期，思维僵化的人往往会在市场上失败，因为当事与愿违时他们不会承认是他们自己而非市场错了。

- 对外公开坚持看多或者看空会让你看上去很有见地，但如果价格走势与你的看法背道而驰的话，你可不能死死抓住你的面子不放。成功的投机确实需要很大的自我批评的勇气。

- 你需要一个事先就经过深思熟虑的交易计划，对所有可能发生的情况都要有所预期，以防你在交易时间里做出冲动的情绪化决定，因为你会处在来自同行、电视、股价变动及网络媒体等等新消息源的持续不断的轰炸之中。股票交易是一门生意，如果你希望你的生意兴隆的话，就必须有一门生意经并且要毫无偏差地去执行它。

- 说到交易执行，你需要对市场将可能如何演进有一个自己的看法，但同时也应准备好应对市场"给予"你的任何一种情况，而不耽于你先前对最可能发生的结果的看法。

在每个交易日你都应专注于如何才能成为一名更优秀的交易者并从市场中获取更高的收益。把时间花费在阅读商业期刊、收看财经频道或者听说他人的观点上能帮助你盈利吗？很可能不会。对时间的更好利用是去聆听市场传递出的唯一客观存在的信息，它就是——一言以蔽之——价格。我的方法就是去"聆听市场传递出的信息"，市场参与群体的推理、预期和希望都在价格中得以正确体现，因此价格走势是唯一能吸引我全部注意力的东西。

要想成功地交易，你需要了解大多数市场参与者背后的动机；这将会帮助你在正确的时间预测他们的操作然后相应地制定你自己的操作方案。

我所知的衡量全体市场参与者群体行为的唯一有效途径是技术分析。在牛市中，我们都听说过市场是在"一片质疑声中"不断攀升；在熊市中市场则沿着众人"希望破灭的通道""跌跌"不休。技术分析可以让我们在分析中保持客观中立的态度。获得成功最困难的地方在于以一种严格遵守纪律的方式去实际执行我们的分析结果，严格管控我们的情绪因素而不是在无情的市场中成为情绪化的受害者。

保持严格遵守纪律是交易中最难做到的部分，因为冷酷的事实是当你在股票市场上投入资金的同时，你也倾注了你的感情于其中。而这些情绪化的因素，如果不加以控制的话，常常会成为一些错误决策的催化剂。

或许把专业人士从业余选手中区分开来的最重要的特性就是能够在市场决策中不掺杂任何感情因素。专业人士在进场交易前对所有可能的结果都会有所准备，其结果是他们不会陷入让业余选手深受其害的情绪化决策陷阱之中。你是如何应对市场变化的，你会发现自己在应对基本面或者技术事件时做出情绪化的决策吗？我希望通过这本书教会你洞悉市场结构，使你像一名专业人士一样预测市场走势并执行交易决策。一旦你掌握了如何去正确地看待市场，你接下来的工作就是以严格的纪律来按计划进行交易。

系统化交易方法和随机交易方法。首先我想说明一下对市场而言不存在错误的方法，错误的方法只存在于不同的个人风格中。技术派交易者采取的方法有两大类——系统化的和随机的交易方法。

系统化交易者们试图将市场波动加以量化，制定出一套以交易规则为基础的方法并借助于计算机的辅助来执行。早在真枪实弹地应用到实际交易中之前，系统就已经经过了严格的逆向测试以确保它能在"任何"市场环境中幸存并盈利。系统化交易者们相信通过计算机来执行交易（程序化交易），使对市场波动的情绪化反应在决策过程中被彻底根除，会带来更加可持续的回报。对程序化交易的最大批评是许多系统并未考虑到"预料之外的市场事件"。一个众所周知的事实是市场总是不可避免地不定期发生一些暂时性的问题，即便最严格的逆向测试也不足以让一个曾经无懈可击的系统始终与市场保持步调一致。在我多年的交易生涯中，我意识到所谓的"预料之外"似乎在市场中会相当频繁地发生。

虽然意识到了这一点，但仍有许多交易系统在使用中，它们可以为那些擅长编程并愿意把市场托付给计算机的人们提供一个交易的途径。

从我个人角度讲，系统化交易并不适合于我的风格，我选择以随机应变的方式来应对市场。随机式交易者们对他们解读市场走势的能力抱有很强的信心并会跟随市场指示对他们的方法做出一些细微的调整。我认为市场的性格也会发生一些微妙的变化，只有经验丰富的交易者才能察觉到，这也能形成一个可加以利用的交易优势。然而我确实会使用计算机来帮助我过滤市场每天提供的无尽的可能性。当我决定了哪些股票适合交易后，计算机也能帮我筛选出一些我要找的特定信息（在以后的章节中会谈到）。而到了选股的时候、交易的时候及做出相关的资金管理决策的时候，执行这些计划又可以做到随机应变。

善于选股和长于交易是两种独立的才能，他们要求具备不同的技能。你可以给一位优秀的交易员一个糟糕的交易机会，他仍能设法运用他出色的交易技能赚到钱。与之相反，如果你给一位经验匮乏的交易员一个最好的机会，他却可能会因为缺乏成熟的交易技能而赔钱。

技术分析和基本面分析。因为这本书是关于技术交易的，书中会很少提到基本面分析。作为一名趋势交易者，我坚信"消息和突发事件会迎合趋势运行的方向"。要成功地进行股票的短线交易，传统的基本面分析并不是获利所必需的（有时甚至会起到相反的作用）。不要误读我的意思——我的确认为基本面是重要的，但它们在短线交易决策中的用处不大。某个与公司基本面有关的事件对外发布时，你应当了解，因为它往往会诱发价格的波动。但是客观的分析应当是专注于市场对该事件的反应，而不是形成一个对该公司业务的看法。市场并不会在乎你的看法。重申一下，只有价格才能带来回报。

完全无视基本面分析就等同于认为大多数市场参与者共同的看法是无关紧要的——这种带有成见的说法是技术分析师常常被描绘成的形象。我并不打算在此为技术分析做辩护。我知道技术分析对我有用，但只是因为我把它作为我制定交易决策的框架，而不是作为一个僵化的系统来使用。我对任何能诱发价格变动的因素都会感兴趣，因为了解它们背后反映出的人性会让我做出客观公正的分析并最终带来更大的盈利。

说到这儿又把我们带回到了市场心理的话题。情绪化是交易的敌人，应该从决策制定过程中被剔除出去（或者加以控制）。显然，这说起来容易做起来难！对股价图的分析研究就是为了确定供求双方的力量会在什么位置上达到均衡，了解了这一点会给我们带来交易上的优势。为了评估供求的动态平衡关系，我们需要了解市场参与者们背后的动机，而他们各自的想法就是在其动机的推动下在市场上得以执行并由此引发了股价的变动。

目 录

第一章 技术分析 1
第二章 四个阶段 11
第三章 阶段1——蓄势 21
第四章 阶段2——抬升 31
第五章 阶段3——派发 41
第六章 阶段4——下跌 47
第七章 支撑和阻力 57
第八章 趋势 71
第九章 成交量 85
第十章 移动平均线 103
第十一章 时间 115
第十二章 何时及如何买进 123
第十三章 何时及如何卖空 135
第十四章 消息：认知即现实 153
第十五章 轧空 165
第十六章 风险管理 177
第十七章 关于一些交易常规和窍门的思考 195
第十八章 总结 203

第一章 技术分析

要想成功地进行股票交易，就必须牢固掌握技术分析方法。为什么这么说？因为成功的交易和投资的关键在于对时机的把握，而技术分析为此提供了已知的最好工具。市场想要说的话都写在了价格图表中，它就像是一个剧本把市场供求关系一页一页动态地展现在我们面前。

技术分析通过组织交易数据提供了一个获取交易思路、把握买卖时机和决定仓位的行之有效的途径，从而自然而然地控制风险。技术分析并不像有些人理解的那样仅适用于分析市场动态，它能为你所有的交易决策提供一套完整的分析基础。

作为一名交易者，你的目标是当一只股票展示出涨跌势头时就开始建仓，只要价格的变动符合预期就一直持仓，最终在涨跌势头开始衰退时获利退出。对时机的恰当把握可以使你在市场有所动作时持仓，而在缺乏明确方向感时持现。

基本面分析并不能为你的交易时机提供决策帮助，如果你想成为一名成功的交易者，就先把市盈率、现金流和股息抛之脑后。而技术分析的优势就在于可以让你对市场当前的供求关系做出客观的判断,并进一步判断股票短期的价格趋势。

与大鱼共泳

需要知道技术分析并非只是记住各种不同的形态,而是洞悉市场参与者的动机,根据以往曾重复发生的前车之鉴来预测他们的下一步操作,借此来获得先手优势。恰如其分地掌握了技术分析方法可以使你在貌似纷繁芜杂的交易活动中清晰地获知其中的市场规律。

如果你看过电视里自然频道关于捕鱼的节目的话,你可能见过大鱼把小鱼们都驱赶到一起形成一个密集的"鱼饵球",即便是海豚这种水生哺乳动物也会使用这样的群捕技巧,单独的海豚轮流穿梭于密集的鱼饵球中饱餐一顿。股票价格图与此有着相似之处,因为它把所有市场参与者的集体行为通过图形的方式精确地展现出来加以考量。技术分析方法可以把交易数据连续一致地组织起来,并且同样的分析技术可以超越置身于其中的市场参与者而被应用到各类不相关的市场中。放到一起观察,群体行为会采取特定的形式,如果使用某种狭隘的分析方法则不能揭示群体行为采取的形式,例如仅基于二级报价系统的市场分析(见图1.2)。二级报价系统在适当的时候会是一个有用的工具(这一点在未来的章节中会论述),但是它仅分析了市场目前的流动性水平而不考虑以往历史这一分析层面。

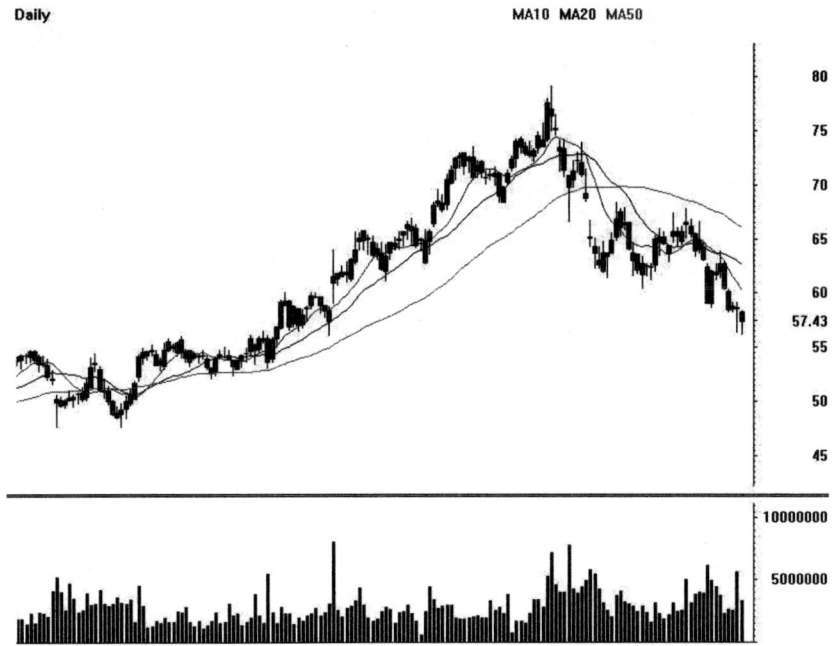

图 1.1 股票价格图是技术分析的基本工具，通过它我们可以研究所有市场参与者的集体行为。

(Real Tick® graphics 图表经 Townsend Analytics 授权使用。©1986~2008 Townsend Analytics)

关于大道至简的随想：资金的流动

我所使用的交易分析方法是相当简单的，其主要依赖于价格的变动，因为价格是唯一会带来收益的东西！使用指标和摇摆指数来完善时间和价格分析是无可厚非的，但是所有指标和摇摆指数都是从时间和价格数据推导出来的，因而也使得它们与源数据相比显得次要。记住这一点，因为它会使事情变得简单。

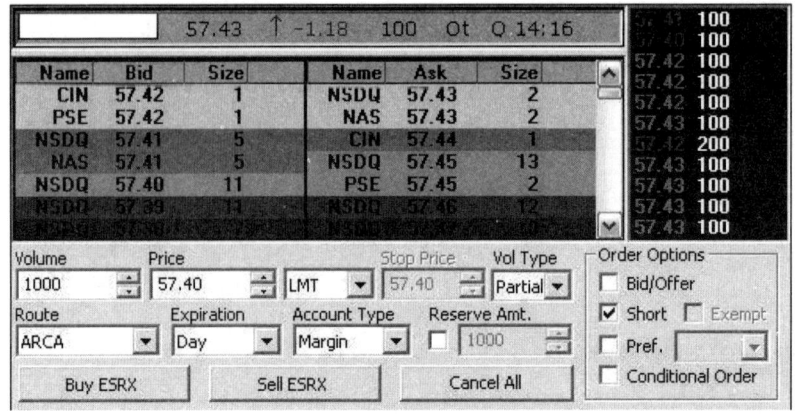

图1.2 二级报价（Level 2）屏幕。揭露了一只股票的市场深度，但仅提供给我们对市场波动非常有限的一瞥。

市场环境确实会发生变化，资金会伴随着这种周期性变化流入整个市场、行业和单只股票。掌握了这点我们便可以因势利导地调整策略和方法而从交易中获利。洞悉了这一市场的结构性规律能够使你摒弃市场中的"噪音"所带来的情绪波动，避免决策失误导致的交易损失。

价格图可以使你专注于市场参与者实际如何使用他们手中的资金而不是他们嘴上在说些什么，这可以让你把观点和事实（价格）区分开来。

正如以后的章节会谈到的，简单地说，市场只是一个供给和需求的函数，而价格是最终的仲裁者。基于市场上的整体风险、未公开的消息及其他考虑，影响供求的因素会随着时间的推移而变化，而你我作为个体可能不具备对这些因素给市场造成影响的程度进行剖析的能力。那么一以贯之地从客观角度观察这些因素影响力的最准确方法莫过于通过技术分析。市场有自己的话语，而我们需要聆听。无论我们如何一厢情愿，市场都不会听取我们的观点。

顺便提一下，市场并不像有些学者所说的那样是随机的。你曾在某个早晨起床后随机购买了一只股票吗？当然没有。你有你的理由，无论它是基于基本面分析、技术分析、朋友的小道消息或是月相。每个人都有他的理由。

市场参与者的情绪化反应是对持随机波动观点的学者在逻辑上的挑战。随机漫步者坚称交易者不能预测市场时机。但是任何成功的技术派甚至基本面派的交易员都认为持续成功的策略是基于在给定时点其本人对于市场价值的评估，而不是随机的掷飞镖。市场并不总是按照逻辑演变，因为市场参与者的情绪也在其中发挥着重要作用，而人的情绪则并不是随机的。尽管准确地评估所有市场参与者的情绪是不可能的，价格图确实有助于洞悉整个市场的心理状态，它会让我们大开眼界，前提是我们对它睁开双眼。

那么技术分析有用吗

经常被问起的是：技术分析有用吗？作为一名百分之九十的市场决策都依赖于技术分析的交易者，你会期待我毋庸置疑地肯定回答："是的！"但实际情况却更复杂一些。

在决定技术分析是否"有用"之前，我们需要提出一个更为具体的问题。这就像是问你冰激凌是否好吃，你可能喜欢巧克力味的但是不能忍受草莓味的。那么，你喜欢吃冰激凌吗？呃，喜欢又不喜欢。我从未研究过某一特定形态有用与否，但是就单纯观察和实际应用到的一些技术分析理念而言，我的结论是技术分析确实"有用"。市场通过供求说话，这些供求语言则通过价格图昭示天下。

我们常常被问及市场上到底什么分析"有用"？——随机指标、相对强弱指标、MACD抑或是移动平均线？真实的答案是你很少听到的，那就是孤立起来单独考虑的话，没有哪一个工具是真正有用的。真正有用的是在了解市场参与者集体的心理动机的基础上形成的一套精心设计的交易策略，并且要有纪律性地去执行它。

我意识到已经花了数段的篇幅来为你描绘一幅图像，其中有意为之地重复了一些技术分析的内在理念。行文至此，让我做一番总结如下：

- 技术分析为我们以价格为基础的分析提供了一个总体框架。
- 作为一个工具，而非体系，技术分析使我们能够跟踪资金的流动、利用价格图来预测未来可能的价格变动。技术分析的价值所在并非是预测每一次价格变动，而是从中体会到价格变动的缘由。
- 技术分析可以使我们理清思路，组合我们的分析从而形成一套策略。市场总会就未来可能发生什么给我们提供各种线索，而能否遵照纪律来执行基于这些线索形成的交易计划则是我们每一个人自己的选择。
- 技术分析可以使我们心无旁骛地在只有感觉到具备优势时才进行交易。当对走势看不清楚时，股票图的价值就在于防止我们在信息不足时进行交易，以确保资金安全。专业人士只有在感觉到处于优势地位时才会动用自己的资金去承担风险，否则现金总是最安全的。

如果你能熟练地辨认和把握市场结构，那你就有可能通过只掌握几种简单的形态像专家一样交易获利，做到衣食无忧。是的，仅仅是几个简单的形态，无须其他那些纷繁芜杂、花里胡哨的东西。迅速找到这些简单的形态正是技术分析能够引导你根据自己的标准来发掘和深入领会市场机会的途径之一。

向前看和只向后看

为了从技术分析中获利,我们不能只是看重过往历史,而必须要向前看。如果把过往历史作为唯一决定因素的话,我们只是在反应,而非预测。纯粹的预测者就是从这些反应型的市场参与者身上获利的。

如果能做到对所有可能结果都有所预期的话,你就能更容易地保持客观性并避免为做出情绪化的决定而付出代价。在交易中,我们应当总是做好"如果那样该怎么办"的准备,否则我们的名字将会被加入到市场绞肉机所吐出的一长串名单中去。任何人都能够辨别出现有的趋势,但是职业选手(狼)和随意旁观者(羊)的区别在于在趋势中寻找低风险的领域买入,并且知道在什么时候应该退出。你想做的是那匹狼。

作为一名追随趋势的交易者,我的目标是当一只股票在主浪中开始一波新的趋势时买入它,以规避大幅下跌的风险。为了实现低风险和高收益的双重目标,我总是会问自己两个问题:

1. 这只股票从哪里来?换句话说,如果做多的话股票的支撑位在哪里,做空的话阻力位又在哪里?这些技术分析价位能让我确定潜在的风险,在对价格客观观察的基础上设定止损位。

2. 这只股票要到哪里去?如果我的分析是正确的,股价按照预期的方向变动,那我要设定一个股票有潜力达到的大概的目标价位。

如果潜在的利润空间与认知到的风险相比能让我满意的话,我就在新一轮势头开始时在强市做多、在弱市做空。

技术分析能够帮助市场上的任何人,无论他是日交易者还是最长线的投资者。从技术的角度看,所做的分析都是一样的,只是研究的时间周期不同而已。在衡量技术分析的价值所在时，证券价格恰如时间周期一样是无关的。无论一只股票价格是 2 美元还是 200 美元，所用的分析技术是一样的，因为市场参与者是这个市场上唯一真正的常量，他们的行为才是价格变动的驱动力。

你在市场上有三个选择：在预期上涨时做多；在预期下跌时做空；在不确定时持币观望。

这本书将会帮助你在任何时点上决定哪一种选择是适当的。

基础

我觉得如果不提以下三个基础性的事情的话，关于技术分析的书将会是不完整的：

1. **市场是一个贴现机制**。它在预测未来发展的同时对已然发生的事情打折。这一事实使得许多消息在人们买卖决策中所能发挥的作用贬值。要从市场活动中获利，你的分析就必须是预测性的而非反应性的。对市场结构的深入了解可以使你从过往历史中探究一笔交易在未来的可能结果。

2. **价格随趋势波动**。趋势一旦确立其持续的可能性要大于反转，这就是趋势交易的基础，本书大部分篇幅也将聚焦于对这些趋势的辨认和参与。

3. **历史会重复自己**。或许更准确些，如马克·吐温所言：历史为自己做韵脚。完全相同的形态在市场上很少出现。会有许多的相似情况发生，但是缺乏确定性。这就是为什么你的分析必须考虑到所有可能的结果。即便市场并不如你所愿，你也有一个事先确定的止损位，这样你的损失就不至于不可收拾。

第一章 技术分析

请记住本书是为你提供一种分析方法，而并不必然是一个交易体系。如何最好地使用这些方法则是根据个人目标由你自己来掌控的。

本书中的技术分析并不是以诸如头肩形、三角形、旗形等传统价格形态为基础的，而是以资金在所有时间周期和所有资产类别中的周期性流动为基础的。你也会注意到本书中的所有价格图都是K线图①，这是因为K线图易于用来辨认趋势并且更加视觉化。我并不打算在辨认某种特定的K线形态上花费时间，因为我发现这会分散衡量资金跨周期流动的注意力。我鼓励你自己回顾一下K线形态来决定它们是否对你有用。绝不要对有助于你理解市场波动的新的分析技术视而不见。

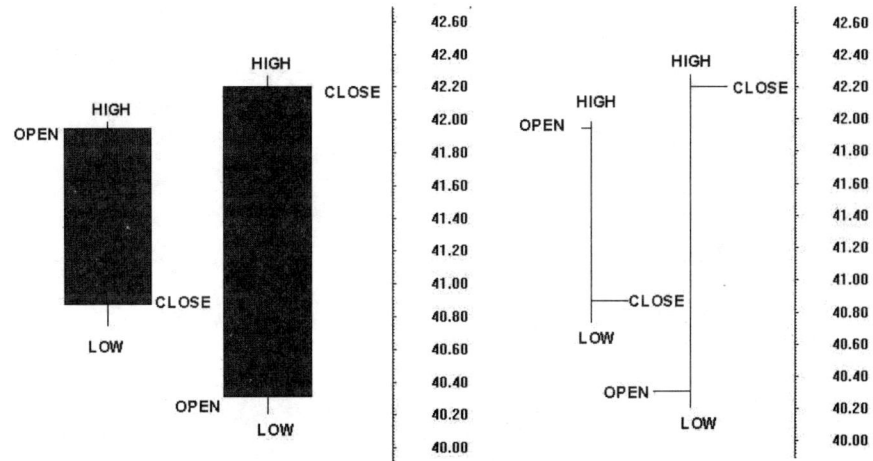

图1.3 左图的K线图使用了颜色来为分析增加一个维度。红色K线表示该期间的收盘价低于开盘价，绿色K线表示收盘价高于开盘价②。在右图的条形图中，开盘价用左横杠表示，收盘价用右横杠表示。两幅图中都显示了该期间的最高价和最低价。供图：RealTick by Townsend Analytics

---

① 又译烛状图、阴阳烛图（译者注）
② 美股的K线图习惯用红烛表示阴线，绿烛表示阳线。本书中的所有K线图均沿用了这一习惯。（译者注）

第二章 四个阶段

市场就像一个活的有机体。当每天的开市钟响起它便充满了生命力，直到收市钟声再度响起。仿佛一个生命体在呼吸，市场持续不断地扩张和收缩。价格单边扩张直至量能足以支持这个价格，然后价格波动开始停滞并被迫反转和收缩。这个过程被重复无数次，市场就是这样持续不断地寻找让人难以捉摸的"公允价值"。这些上涨的波峰和下跌的谷底共同形成了在所有时间序列下都无法否认的周期性形态，了解和掌握这一市场结构是接下来几章的主题。

在研究量能、趋势、移动平均和价格图上的其他组成部分之前，我们必须了解资金在市场上的周期性流动。所有的股票都会经历被投资大众所热捧和在市场上无人问津的时期。没有所谓的好股票，只有好的交易，因为最终每一只"好股票"都会成为差股票。一只好的股票会给在趋势中准确把握方向的交易者或投资者带来回报（无论是上涨趋势还是下跌）。现实是：因为市场是一个贴现机制，一只好的股票常常与从基本面出发衡量的好公司或坏公司无关。没有股票总是会如预期一样行事。

一只股票的四个阶段：
爱它、恨它、介于两者之间的中间地带

经济周期分为四个阶段：扩张、繁荣、衰退和复苏。与之类似，股票也可以分为四个阶段。阶段性分析这一理念的流行源于斯旦·韦恩斯坦的名著《在牛市和熊市中获利的秘密》①。对股票而言，这四个阶段是：

1. **蓄势**：股票在经过一个时期的下跌之后就进入了蓄势阶段。这是市场上的买方尽力控制趋势的过程，是一个以价格波动范围收窄为标志的中立阶段。对趋势交易者来说不会有利可图。

2. **抬升**：一旦买方控制住了股票，高点更高、低点也更高的形态确立之后，最小阻力的方向就是上涨。市场也进入了牛市，交易者应该在价格上涨寻求卖盘供给的过程中积极地做多。

3. **派发**：当市场穷尽了大多数买盘之后，卖盘开始变得更加活跃，市场也随之中立。经历了一段时期的价格变动幅度收窄之后开始下跌。

4. **下跌**：当第 3 阶段的低点被跌破之后，价格开始向下在为活跃的卖盘寻找买盘的过程中加速下行。这一高点更低、低点也更低的形态就是进入熊市的标志，交易者唯一恰当的策略就是做空。

---

① 《Secrets for Profiting in Bull and Bear Markets》作者：Stan Weinstein

第二章 四个阶段

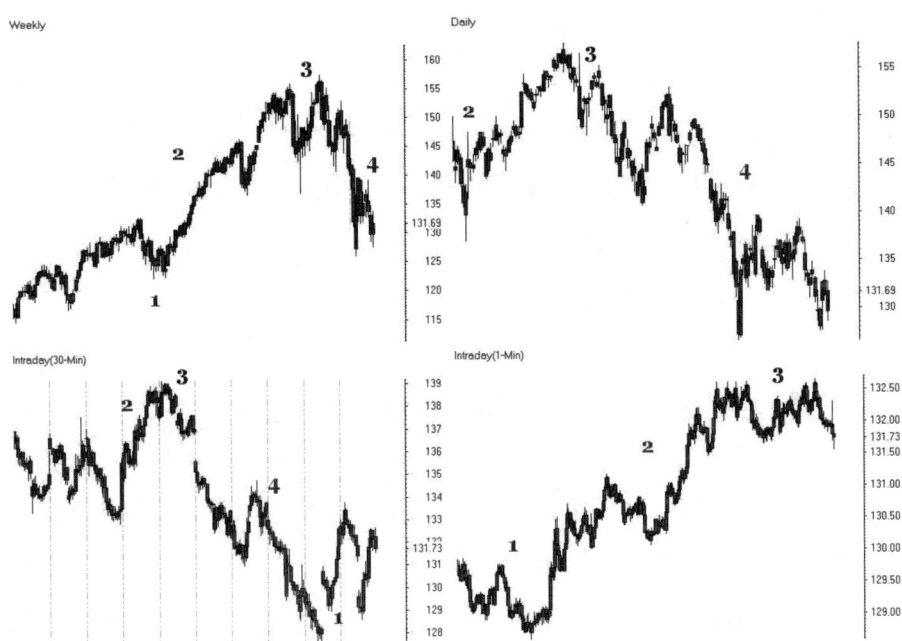

图2.1 该股票表现出了四个阶段：蓄势，抬升，派发和下跌。图中使用的多周期K线图①显示趋势会传递出互相矛盾的信号。供图：RealTick by Townsend Analytics

　　这四个阶段会出现在所有的时间周期和所有的股票上。无论你选择什么时间周期，也不管股票的价格或者量能如何，确认这些阶段能够使你的分析保持客观和毫无偏见。幸运的是技术分析据信具有"分形"的属性。分形被定义为不规则的几何图形，其可以被进一步划分为不同部分，其中每一部分都可大致视为整体形态的缩小版。本书的目的并非深入研究分形，但是在我们研究多周期的时候必须要知道技术分析中会用到分形这一属性。股票可以趋势向上、向下、盘整或者无方向的震荡，简化成这四个阶段能使股票分析变得有条不紊。认清资金在市场上的周期性流动是我看

---

① 左上为周线图，右上为日线图，左下为30分钟分时图，右下为1分钟分时图（译者注）

13

待市场和在所有市场上交易的基石。

股票就好比不同类型的运动员,每个都具备其特有的特点和"个性"。有些是短跑运动员,跑起来很快,但是短暂的爆发之后就精疲力竭,需要休息了。而有些股票则更像是马拉松运动员,可以间歇不停地沿着运动方向小步慢跑很长一段时间。

心跳监测仪是运动员用来监测他们训练的基本工具之一,对短跑运动员和耐力运动员都很有用。它可以帮助运动员在训练中遵从纪律,在获得最大训练效果的同时不致过度运动导致衰竭。股票价格图就是技术分析的心跳监测仪。无论你是被价格变动迅速的股票还是稳定的"蓝筹股"所吸引,技术分析都可以作为工具帮助你监测市场参与者的操作,评判风险和决策何时做多、何时做空或者持现。

我选股时喜欢短跑运动员,因为它们更适合我的个性。沃伦·巴菲特(Warren Buffett)这样的投资者则对长线表现稳定的股票更感兴趣。对于从市场获利而言并没有唯一最好的方法,有的只是对每个人来说最好的方法。你需要从反复试错中找到最适合自己的方法。

股票在阶段 2 和 4 的趋势阶段(变动区间的扩大)与阶段 1 和 3 的整巩阶段(波动范围的收紧)之间轮换。趋势交易者总是专注于对阶段 2 的股票做多,对处于阶段 4 的股票做空;避免中性的股票(阶段 1 和阶段 3)。趋势性股票会以易于识别的方式或者上升或者下跌(上升趋势被定义为一系列更高的高点和更高的低点,下降趋势则被定义为一系列更低的高点和更低的低点)。

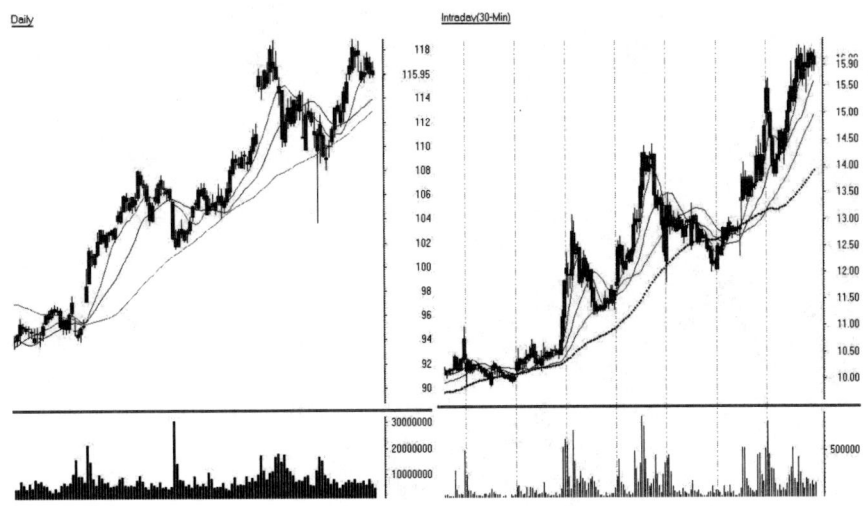

图2.2 上图的两只股票都表现出了类似的向上趋势,主要的区别在于时间周期。左图中的股票处于稳定的向上趋势中,日线在 150 个交易日中上涨了 25%。右图使用了 30 分钟分时图,股票在 20 个交易日上涨了近 60%。供图:RealTick by Townsend Analytics

在第十章我们将探讨哪一种移动平均线能最好地帮助我们确定一只股票所"位于"的阶段。一般而言,处于上升趋势的股票其短期的移动平均线位于中期移动平均线之上,后者则位于长期移动平均线之上;所有这些移动均线应该都具备正的斜率。处于下降趋势的股票能够很快地通过短期均线低于中期均线、中期均线低于长期均线辨认出来。阶段 1 和阶段 3 是过渡性的,波动幅度也有限,买方和卖方为了获得控制权而发生激烈的争夺。处于此阶段的股票的移动均线们将会互相交织在一起,由此可见市场对趋势缺乏共识。

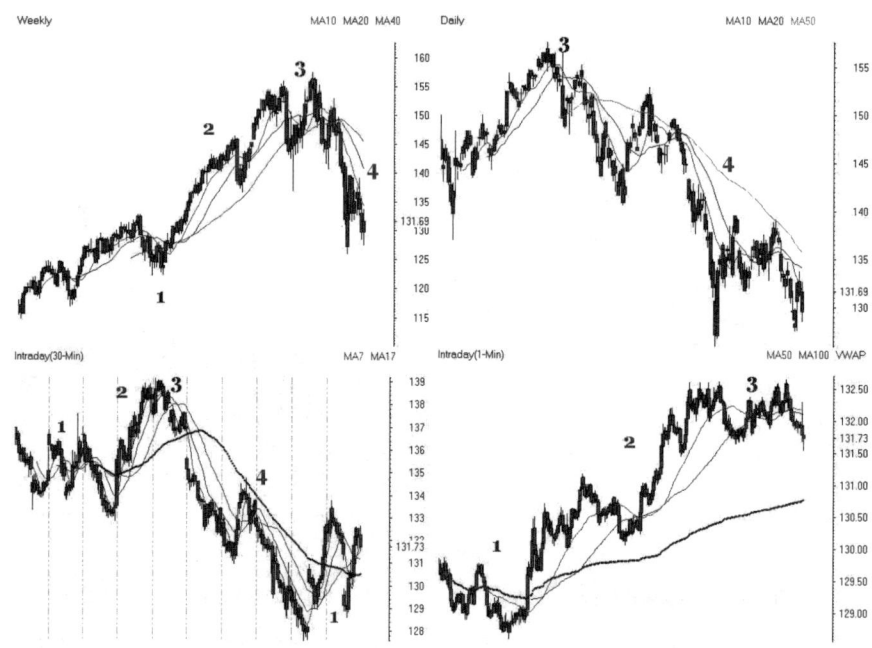

图2.3　与图2.1是同一只股票。此图中移动平均线与股价重叠显示。移动均线为股价提供了一个可作比较的参考值并且有助于进一步诠释股价。供图：RealTick by Townsend Analytics

阶段1和阶段3的股票通常处于一段趋势结束潜力耗尽后的调整阶段，就好比跑步运动员停下来休息一样。这些调整常常发生在股价已经达到了一个极端水平时，原因在于缺乏纪律性的情绪化的交易者追逐股价的波动而几乎不考虑风险管理。避免这种中立性的时期可以使你降低把资金投入到无突出表现的资产上的风险，同时通过投资趋势性股票来提高收益率。如果没有趋势性机会存在的话，持现以等待时间来帮助你看清方向，之后再动用你的资金去承担风险进行交易。

在一轮主趋势中，我们应在短期的盘整区域研究股价来寻找势头是否会延续的线索。对于有些股票，在任何时间周期下都很难找到规律。如果你是一位趋势交易者，那么应当避开这类股票。即便是不参与这类低成功概率的股票，交易也已经够具有挑战性的了。成功的交易就在于找到一个优势，然后充分利用它来获利。如果我们不能发现这样一个优势，那就没有理由去参与。

毋庸置疑，无论一只股票处于整个周期中的哪一个阶段，亏损的风险总是相伴随行的，所以绝不要因骄傲自满而放松警惕。遭受损失的可能存在于一只股票整个生命周期中的任何一个时点，你的第一要务就是对这些损失严加提防。

情绪和周期分析

历史会重蹈覆辙。唯一真实存在的不变恒量是市场参与者。人性会对一次次重复发生的情况采取类似的行动、做出类似的反应和过激反应，这才是技术分析之所以有用的基础所在。我们所做的只是研究股票图上所反映出的人们的情绪来领悟类似情况再次发生时人们将会作何反应。

市场在许多时候看起来是"不理性"的，不幸的是这种情形却成为市场上的绵羊建立其市场理念的基础。那些聚集在一起质疑市场的人们通常会遭受损失，与其这样倒不如去客观地倾听市场所要传达的信息并依此行事。切勿落入这个陷阱。正如约翰·梅纳德·凯恩斯[1]所言，"市场延续非理性状态的时间可比你能撑着不破产的时间长。"据说市场的群体智商会下降到其中最愚蠢的参与者的水平。这是一个可怕的事实，抛开其他不言，这也单单为价格波动的重要性加注了一个感叹号。

---

[1] John Maynard Keynes，1883-1946，现代西方经济学最有影响力的经济学家之一（译者注）

情绪是交易的敌人。你必须要认清这个敌人并采取行动来击败或者避免它，坦诚地自我反省，评估自己的强项与弱点并成为应对群体行为的高手。当你在任何时候感到情绪正在影响你的交易行为时，你需要退后一步，重新把注意力集中到价格变动和它所指向的适当的交易行为上来。不要让情绪侵入到你的交易决策机制中来，而这正是许多交易员失败的原因。

对群体心理的把握可以帮助你在控制情绪方面比只虑及自己交易行为的普通市场参与者更占有优势。虽然我们永远无法确知所有市场参与者的情绪和动机，但是在一只股票生命周期的各个阶段中确实存在一些大家所共享的情绪状态，如图 2.4 和 2.5 所示。有趣的是，情绪周期也存在着分形属性。仔细看一下图中的不同阶段，尽量去想象一下如果你在各个阶段是在做多或者做空的话会是怎样一种情绪。

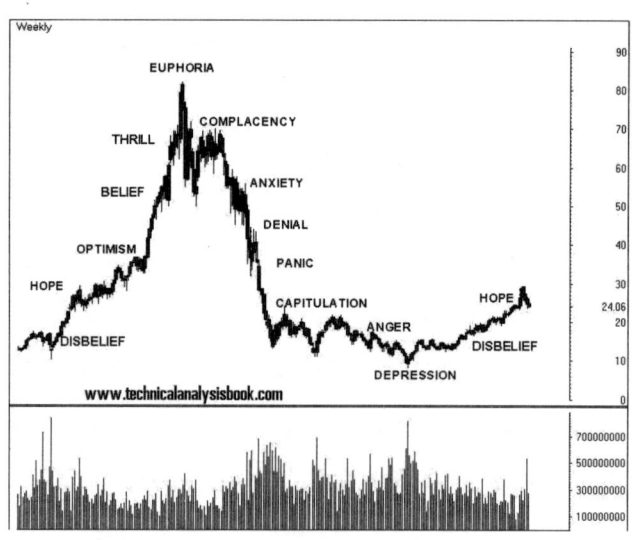

图 2.4　多头在周期中各个不同阶段的心理状态。图中自左至右依次为：怀疑、希望、乐观、信心、激动、兴奋、自满、焦虑、拒绝、恐慌、屈服、愤怒、沮丧、怀疑、希望……

把所有这些可能的情绪波动全部体验一番也许会花上几年的工夫，而对于短线交易者来说，或许一天的时间也就够了，尤其是使用了杠杆的话。除非你能控制你的决策过程不为情绪所扰，否则杠杆这个工具更会放大情绪的影响，惩罚粗心的交易决定。如果你能够准确地辨别市场目前所处的阶段，你就可以采取适当的行动尽最大可能避免成为一个情绪化的交易者，学会用一双冷静、客观的眼睛来审视市场。在你对市场的把握达到这个阶段之前，你必须注意你的交易规模，避免使用杠杆。

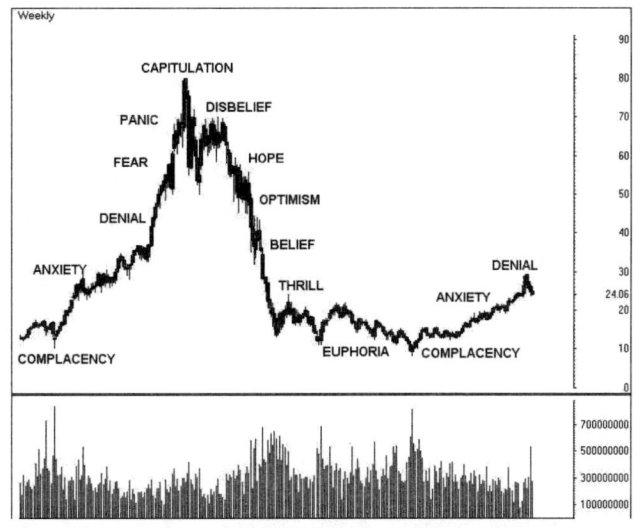

图2.5 空头在周期中各个不同阶段的心理状态。图中自左至右依次为：自满、焦虑、拒绝、害怕、恐慌、屈服、怀疑、希望、乐观、信心、激动、兴奋、自满、焦虑、拒绝……

上两图是一只股票的真实股价图。图中所用的时间周期并不重要，因为它对于任何一个时间周期的任何一只股票都具有代表性。图中标示显示了多空市场参与各方在周期中的四个不同阶段所表现出来的群体心理状态。

在接下来的几个章节里我们将逐一深入探讨这四个阶段，并持续点明其中的心理因素，因为这是导致成功或者失败的一个重要因素所在。另外，我们还将深入探讨跨多个周期的"趋势校准"来提高找到最低风险最高收益的交易机会。识别一只股票目前所处的阶段并不能保证你一定会获利。但它确实能够给你提供一套方法来认清市场结构，在别人眼中市场上只有混乱时你可以借此理出头绪。事实上，在股价日复一日的波动中有许多随机的因素在里面。识别其中的趋势和建立基于供求分析的买卖策略可以赋予你持续盈利所必备的优势地位。

第三章 阶段1——蓄势

在第二章中,我概述了股票市场表现的四个迥异的阶段,强调了其各自的特点。接下来我们将逐一探讨它们,就从第一阶段开始——蓄势阶段。

蓄势阶段始于一个下跌趋势终结后,这是一个过渡期间,曾经活跃的卖方开始逐渐平歇下来。空方开始部分获利了结,场外观望的资金在投资价值的吸引下逐步进场。在蓄势阶段,市场上的控制权逐渐地由卖方主导开始转换到一个更为中立的环境。从涨跌势头看,阶段1是一个价格波动幅度下降、交易量萎缩的时期,因为趋势性机会的缺乏导致资金离场去寻求其他更高回报的股票。持有这一阶段股票的最大风险是时间,或者说是机会成本,因为你的资金会在其他趋势性股票上获得更好的使用。

阶段1股票价格波动幅度的收窄及市场对其兴趣的丧失就好像是一个弹跳中的皮球逐渐失去动能。想象一下当皮球被从15层楼扔下来时,落地后第一次弹起可能会弹回到12层楼高。当皮球再次回到地面时,更多的能量被地面吸收,皮球再也弹不回之前的高度了。皮球在弹跳中丧失的能量就和交易者对动能消退不再单边波动的股票丧失了兴趣一样。初期的几次反弹对多头持有者是最令人生畏的，他们开始迅速卖出股票直至最后只剩下最顽固的持有者——他们往往都带有从洋洋自得到拒绝接受等这些情绪因素。

最终该股票就失去了参与者，也不再反弹，多头开始转移到交易其他趋势性股票去了。令人生畏的下跌（阶段4）结束，单调乏味的阶段1开始了。

阶段1是一只股票的复苏时期，有时需要花上数年的时间。即便是较短时间周期内的反复也是毫无必要的占用资金，因而应当为趋势交易者所规避。俗语"如果不能吓跑你，那就拖死你"说的就是这个漫长而又无聊的过程，其间长线买方和卖方在大幅下跌之后竭力争夺股票的控制权。想象一下一支被击败的橄榄球队宣布"这将是我们重建的一年"，当然，这重建的一年可能会跨越好几个年头。

阶段1：它的形态是怎样的

从技术上讲，最简便的识别阶段1股票的方法是移动平均线开始互相上下穿行交织在一起的时期，并且在这之前股票经历了一段下跌趋势。在阶段1开始的时候，通常会看到长期移动均线仍然在继续下行，此时股票的恢复过程才刚刚开始。移动均线的扭结表示市场犹豫不决，并且总体看来这是一个没有趋势的阶段，其间移动均线给依赖其做买卖决策的人传递的是相互矛盾的信号。成交量也开始萎缩，价格波幅收缩和交易活跃度降低确认了股票开始进入了一个颇为中性的境况。

第三章 阶段1——蓄势

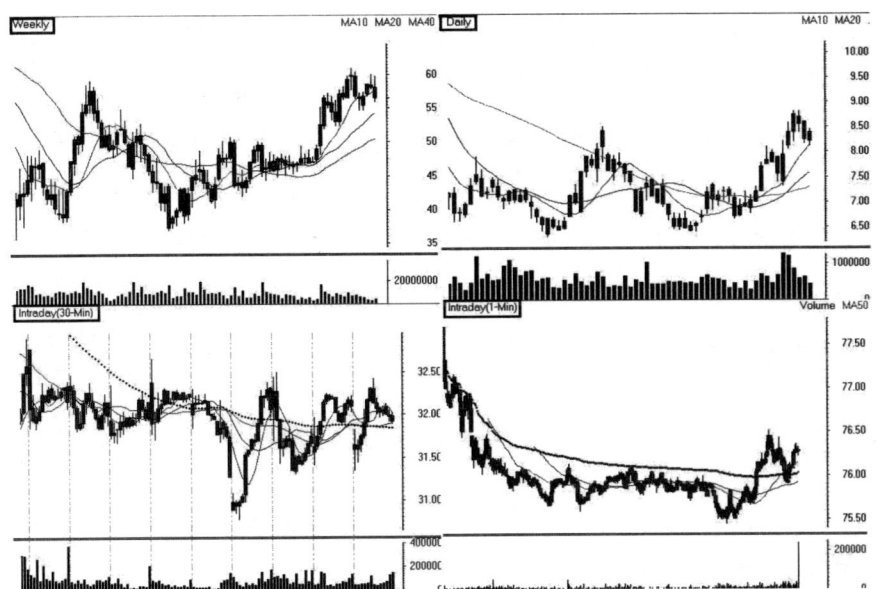

图 3.1 请注意在四个不同时间周期上的四只不同的股票所表现出的在阶段1（蓄势阶段）的相似性①。移动均线帮助我们识别之前的下跌趋势与随之而来的趋势不确定性。供图：RealTick by Townsend Analytics

在蓄势阶段的开始时期，公司也许还会发布一些负面消息，但是卖方对此已经充耳不闻了，其对公司基本面的恶化已经具有了免疫力，开始无视已经发生的消息而更倾向于向前看。如果你和我一样相信"利空出尽即是底"的话，你就会依逆向思维问这样的问题："好吧，剩下的人还有没卖的吗？"当股票开始中性化，股价波幅开始收紧，曾经的空头卖方也就对它失去了兴趣，而多头持有者已经对持仓账户里的财务状况一团糟感到麻木，无动于衷了。

趋势交易者没有理由参与波幅范围有限的阶段1股票，而有些交易者则钟情于这种处于阶段1的股票。这类交易者满足于在狭小的波幅范围内

---

① 左上为周线图，右上为日线图，左下为30分钟分时图，右下为1分钟分时图（译者注）

投机获利，他们在波幅的底部买入股票然后在波幅的顶部附近卖出。这种类似于"造市"的方法对一名具有耐心的交易者来说是一个不错的低风险获利的途径，但是无法保证股票将一直维持在这个有限范围内上下波动。因此，尽管对这样一个貌似低风险的策略，你也决不能降低警惕意识。表面上处于蓄势阶段的股票却进一步向下突破的情况也是时有发生的（如图3.2），这是因为多头买方还未确立对该股票的控制权，如果你在这之前买入的话就会承受损失。

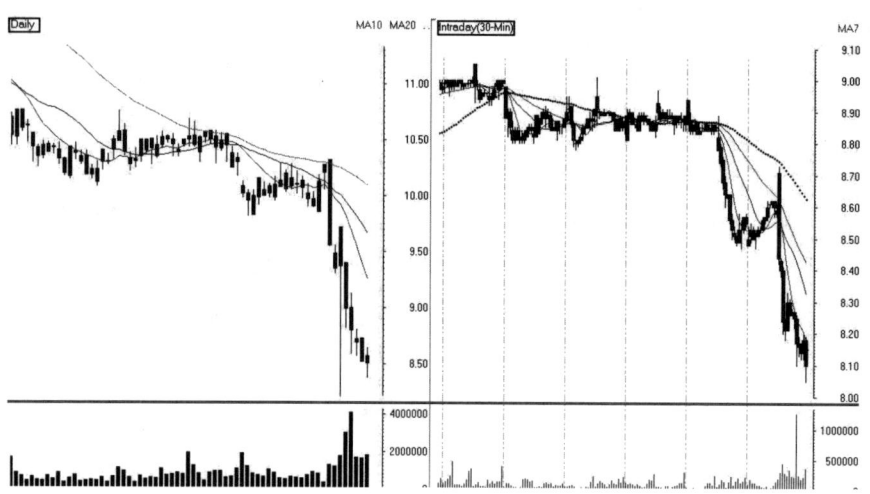

图3.2 仅具备蓄势的表象并不构成买入的理由。较长线的卖压常常会在看起来中性的股票上持续存在。供图：RealTick by Townsend Analytics

当你在场外观望时，机构投资者在做什么

小利投机者试图从中获利的波幅范围来自背后更大的驱动力。在跌市中不能或者不愿卖出持仓的大的多头机构持有者将会意识到股价恢复到前期高点的机会随着时间的推移和交易量的萎缩会越来越渺茫，于是这些机构持有者常常就成了股票源源不断的被动卖方，这也就不出所料地给股价扣上了盖子。

在波幅收窄的过程中，买方主要是一些价值投资者，他们有条不紊地吸筹，耐心地建仓并持有数年，直至市场重新认识到之前被忽视掉的"价值"。价值投资者试图成为"精明的资金"，利用被过度抛售致股价低于其真实价值的股票来获利。

尽管处于蓄势阶段的股票可能会让趋势交易者感到乏味，专注于长线机会的大的机构投资者却很欢迎这样的时机，因为他们可能有机会囤积起对整个投资组合而言有意义的仓位。要知道大的机构投资者可不具备小投资者可以在短时间内建仓和清仓的灵活性。买入数百万股的股票需要花费几个月的时间，除非机构投资者愿意牺牲买单执行的质量，为了快速买入而不惜推高股价。

悄无声息地吸筹是可能的，因为此时通常不会有诱发股价变动的因素存在。当股价趋于平稳，公司开始筹划未来的发展重建时，消息面常常静如止水，这就加剧了总体成交量的进一步萎缩，因为买卖双方都没有迫切的理由进出。买卖双方各自信心的缺乏让股价在堆积如山的买单和卖单之间陷入僵局。

偶尔会有些许渺茫的希望闪现，这是因为公司的公关机器运行中会透露出一些消息。这些消息能引发股价的突然上冲，但是这样的反弹通常会以失败告终，直至供求的平衡关系更加倾向于买方这一边。当长期移动均线仍然向下呈现负斜率时，此类反弹失败的可能性就更大（如图3.3）。

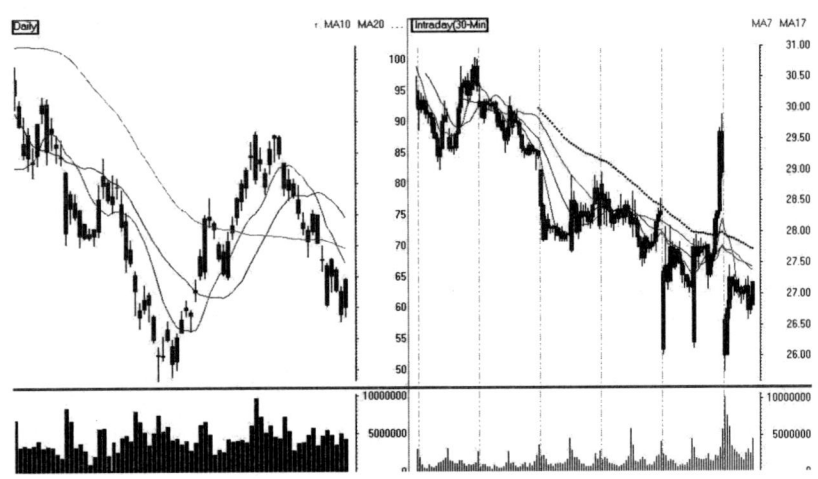

图3.3 当长期移动均线仍头向下呈现负斜率时，不应相信任何反弹的尝试①。供图：RealTick by Townsend Analytics

蓄势阶段不仅是经过破坏性抛售之后的股价企稳阶段，也是股票乃至公司本身市场形象的恢复阶段。经过一轮大肆抛售，在这只股票上赔钱的人们会感觉到被"坑"了。根据市场环境，可能会需要数年的时间人们才会再次信任该股票的竞价过程。

蒙受损失的投资者对公司管理层的印象也会有了污点。如果股价是在一段时期的管理决策失误之后下跌的，市场参与者在管理层发生重大人事更迭之前可能就不大愿意把自己的资金投入到公司股票上了。还记得有多少巨无霸投行在那场导致巨额冲销和股价暴跌的次债危机后把他们的高管扫地出门？必须有人来为此负责，哪怕只是能给投资者带来略微的保证，一旦伤痛消退公司仍然能够大步向前。事实上，越来越多的"激进主义"投资者会买入这些遭受破坏性抛售的公司的股票建立起足够大的仓位来迫使公司进行管理层更迭。

---

① 左图为日线图，右图为30分钟分时图（译者注）

在蓄势阶段的后期，仍然在清空其长线仓位的卖方在卖出股票时变得更有耐心了，因为他们发现其已经大幅降低的持仓却在吸引着更多参与者带来的更大需求。当这些长线持有者开始意识到最坏的也许已经在身后，他们也就不再那么积极地卖出了。

时有发生的另外一种情形是，在蓄势阶段的大部分时候都在持续抛出的机构投资者不仅停止卖出剩余的股票，在后期还开始回购。听起来好像不可思议，一只共同基金这个月也许还是净卖出，下个月却成了同一只股票的净买入方。不幸的是，共同基金的买卖决策并不总是只建立在为其投资人获利的基础上的。他们或许仍然对一家公司的长期发展前景保持信心，但是由于每个季度末都要披露其股票持仓，他们就不得不卖出表现不佳的股票。这其中的动机其实很简单：他们不想因为重仓某只弱势股而使自己看上去很蠢。把买卖动机建立在投资组合在公众面前形象上的行为被称之为"橱窗装饰①"。

基金投资人如果觉得基金经理并不胜任的话就会赎回自己的投资。如果基金管理的资产由于赎回的原因而减少，基金收入就会下降，基金经理不仅奖金要缩水甚至最终会被炒掉。显而易见，基金经理们并不想去应付这一系列的后果；把表现不佳的股票先卖掉，等到市场上对公司的负面情绪减少之后再回购回来，这么做相对就容易多了。当基金经理基于基本面的进展或者技术上的突破感觉该股票到了止跌回升的时候，他就会从净卖出转换为净买入了。

一只股票在蓄势阶段能够停留数年的时间，但它一旦从长期的蛰伏中醒过来对多头可能就意味着巨大的机会。识别出蓄势的后期阶段不仅使机构投资者也能让你能够更好地预测到一轮新的趋势或许将要开始。但是，

---

① 意指装点门面（译者注）

依然要谨慎。对这类股票不应盯得太紧,否则就会分散你对眼前正在发生的机会的注意力。

寻找蓄势阶段结束的线索

下列是蓄势阶段接近尾声,新的一轮上升趋势将要开始的一些信号:*股价图上的低点在抬高,成交量上升,更加频繁地考验关键阻力位及长期移动均线走势从平缓到开始上扬*(见图3.4)。

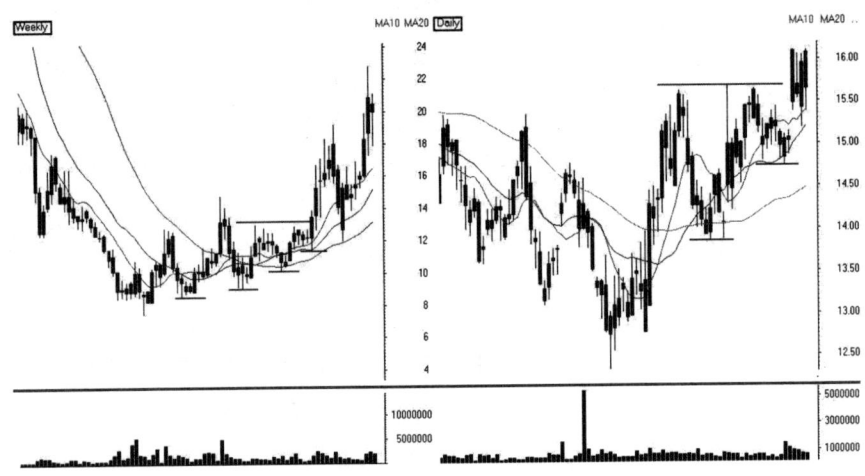

图3.4 蓄势到达后期阶段的标志是不断抬高的低点、更为频繁地考验阻力位和从平缓到上扬的长期移动均线①。供图:RealTick by Townsend Analytics

在阶段1的后期,股票在低价水平上的供给逐渐萎缩,买方在挂出买单时不得不更加激进,股价的低点不断被抬高。不断抬高的低点也会给尚存的空头卖方造成压力,与股价处于蛰伏时期相比,他们开始更加积极主动地进行回购。空头卖方与日俱增的忧虑是股价也许已经接近了一个上升

---

① 左图为周线,右图为日线(译者注)

趋势的突破点，因为要是这样他就会损失一大笔资金。

随着买入竞价加剧，不断抬高的低点也会造成成交量的上升。尽管低点在抬高，意味着上升趋势的高点抬高还不得而见，因为卖方的股票供给仍在压制着股价。当一道显而易见的阻力线在阻止股价创出新高时，这股暂时看起来还不可逾越的卖盘被迫切想要入场的买方更为频繁地挑战。不断抬高的低点吸引更多失去耐心的买方入场，就这样他们的主动买单吞噬掉了形成阻力位的被动卖盘。

伴随着买方在价格（低点不断抬高）和次数（更加频繁地考验阻力位）上越来越具攻势，股价已经濒临爆发点。到了这个阶段，股票也显示出了能够保持在长期移动均线之上运行的能力，而此时长期均线应该也在上扬中，这也表明了长线参与者的信心在增强。

动能在为了突破阻力线而汇聚，一旦爆发就将在不断抬高的低点的基础上创出新的高点，股票也就从蓄势阶段进入了抬升阶段。不断增强的动能是卖方的存货所剩无几的结果，在长期的震荡中"更为强大"的买方已经把握了主动权。

在蓄势的过程中，股票从弱势的缺乏兴趣的参与者手中换手给更为强大的买方，后者相信趋势正在形成中并打算长期持有。当股价运行到了突破的位置，一些大的持有者实际上会变得更加积极主动，大笔买入所有抛出的卖盘促使股价向上突出重围，打别的市场参与者一个措手不及。大举买入和强势突破会给股票带来市场关注，引发诸如"XYZ股票今日巨量创出20月新高"等等这样的报道。这些新闻报道会给股票带来更多的关注并吸引场外资金入场从而进一步推高股价。当股价突破蓄势阶段的上限并在不断抬高的低点基础上创出新高时，过渡期就算完成了，股票开始进入牛市即阶段2抬升期。

第四章 阶段 2——抬升

大多数市场参与者喜欢的入市时间就是牛市级的阶段 2：抬升期。发展健康的牛市可以让人们，甚至于整个国家，都处于一个良好的状态之中，因为此时人们的账户市值开始膨胀，投资获利似乎得心应手。

当之前的蓄势阶段消化掉所有主要的卖盘，新加入的买方为了剩余有限的股数进行竞价时，令人向往的阶段 2 上升趋势便开始浮现了。*股价突破阶段 1 的高点并确立新高表明买方已经牢牢控制住了局势*。股价运行在处于上扬之中的各主要移动均线上，最小阻力的运动方向就是更上一层楼。在股价图上，股票开辟出一个高点和低点都在不断抬高的形态，就像是从侧面观察一段楼梯。上涨、稳固、上涨、稳固、上涨、稳固，如此这般——"通往天堂的阶梯①"。然而在这个阶段之中还存在着几个"次级阶段"，技术派需要对此提高警惕以免乐极生悲走向极端。

相当典型的情况是强势单边上涨使一大批市场参与者措手不及，他们

---

① 《Stairway to Heaven》（"天堂之阶"）是齐柏林飞船乐队（Led Zeppelin）在 1971 年出版的专辑中收录的一首歌曲，是摇滚史上的名作。（译者注）

多周期技术分析——了解市场结构，跟随趋势盈利

在对新环境毫无准备的情况下变得感情用事，丧失了纪律约束，满怀激情地进一步追逐并推高股价。

最初的上涨往往伴随着数月以来的巨量——量能放得越大，买方就越是坚信不疑。前期的蓄势阶段拖得越长，被抑制的动能就越强，股价连涨的可能性就越大。

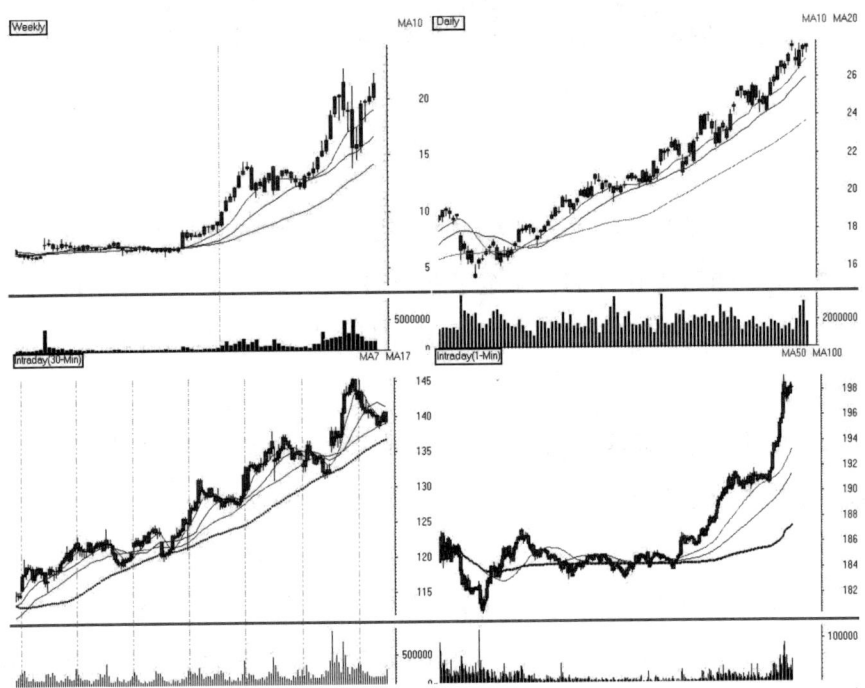

图4.1 在所有时间周期里，不断抬高的高点和低点形态就构成了一个上升趋势①。供图：RealTick by Townsend Analytics

有时最初的突破会伴随着利好消息，但这并不是必然的，并不需要基本面的催化剂来诱发起初的强势。基本面的消息原本可能就不会引人关

---

① 左上为周线图，右上为日线图，左下为30分钟分时图，右下为1分钟分时图。（译者注）

注，但是对于此时已经占据强势地位的买方来说，任何消息看上去都会是利好。还记得市场是一个贴现机制并且是向前看的吧；趋势常常领先于消息。要学会相信价格，但是也不可盲从；这就是为什么会有止损机制。

在阶段2的早期，股价的上涨将不受获利盘的影响，因为此时的多头大都是经历了长期蓄势阶段的"坚定持有者"。如果没有足够的诱因（更高的价格）他们是不会轻易放手的。为了获得市场上有限的股票供给人们展开激烈的竞价，股价也就顺势水涨船高。专注于各个时间周期的市场参与者们都产生了强烈的欲望想要持有这只股票以便搭上趋势的顺风车。做空的卖方，由于没有在低价时回购放空的股票，也加入到抢购的队伍中来以图尽早挽回损失，这也成为助推股价上涨的另一股力量。

上升趋势在早期阶段的失败率是很低的。为什么呢？正是因为市场供求的动态关系是相当有利的，这一关系形成于阶段1，其中来自各个市场参与群体的买入需求都在与日俱增。

价格驱动器

如果你曾在节假日的时候购买某种非常抢手的儿童玩具的话，那你就能体会到下面要介绍的这种情况。总会有一个价格合适的买单能够驱使卖盘入场变现。当股票经历了一波猛烈的快速上涨之后，第一批有实际意义的卖盘入场把短线趋势变得中性并最终导致回调。当这股卖压显得愈加明显，股价不再能够轻而易举地上涨，那些市场上最为活跃的交易者就会率先获利回吐以锁定利润。这些获利盘，连同那些无处不在被快速暴涨的股价吸引过来的空头卖方，一同构成了市场上进一步的供给。

那么买方又如何呢？当打算长期持有的买方感觉到市场上短线势头开始刹车，他们也会减缓买入的速度，期望以更低的价格从"短线客"那里买入他们变现的股份。

这种短线的供求变换在上升趋势中周而复始。只要股价在高于上次回调的低点之上获得支撑，上升趋势就仍将继续。

*正是上升趋势的定义——不断抬高的高点和不断抬高的低点——告诉我们在一个上升趋势中最好的获利机会来自跟随趋势的方向交易。*毕竟，这只是简单的算数而已：在一轮主要的上升趋势中，上涨阶段之和总是要大于下跌阶段之和。

顺便提一下，确实有些交易员善于通过在短线上冲中卖空然后再在回调过程中回购来获利，但是这种方式并没有随趋势而动又随趋势而终的交易方式更加易于操作或者回报更高。记住，*趋势一旦确立，更可能倾向于持续而非反转。*

绵羊，饿狼，老鹰和猎隼

贪婪与恐惧是研究投资者心理时最常用的两个词，在上升趋势中这两种心理表现尤为突出。从市场情绪的角度讲，上升趋势是一个以多头追逐更大利润的贪婪为标志的市场氛围。

恐惧的角色在上升趋势中常常被忽视。正如我们在第15章轧空中将要看到的，任何人卖空了一只随后上涨的股票都会害怕他的投资将血本无归；这反而会促使他在回购中进一步推高股价，否则其将承担的损失在理论上是没有上限的。

害怕踏空是上升趋势中另一个常见的心理现象，它让缺乏纪律性约束的多头交易者（即所谓羊）在一波短线快速上涨后冲进市场也想要"蹭一口"，而这时股价却往往开始一轮短线回调。就在行情到达顶点的时候，各种利好消息也来推波助澜，让这时买入的人更加信心满满。

据说牛市能让你将功补过，如果你在上升趋势的早期追高入市，稍有耐心就能挽回短线对时机把握的错误。但是对大多数市场参与者来说，这种耐心最终会让人聪明反被聪明误。以违反纪律为代价的追高买入并获利会培养起一种不好的交易行为习惯，因为它并不总能如愿以偿。如果不能意识到并纠正这种无纪律的方法，就会产生洋洋自得的情绪（并最终转化为对市场反应的麻木）。当好运气用尽时，损失就会因为缺乏实际的交易技能而不可避免地扩大。市场是一个无情的主宰者，这个星球上一些最精明的大脑（即所谓狼）置身其中，训练有素地利用市场中弱者的性格缺陷捕食并最终将其毁灭。

动量交易者的介入

当处于上升趋势的股票在经历了几轮回调后最终回到了上升路径上，这样的价格走势会吸引动量交易者的强势介入。小幅短暂回调标志着市场上存在旺盛的需求，却没有太多供给方来做客。除此之外，卖盘又散布在多个价位上，每个价位上的量少得可怜。做市商也足够聪明到不会与如此强劲的势头唱反调。在这样的市况下，敢于（或者说蠢到）卖空的交易者必须做到对时机的精准把握，或者囊中有足够厚的钱包来承受损失。

面对股票强劲的上涨势头，业余选手和专业选手的心理素质有着显著的区别。业余选手最多可以称之为老鹰，带着高度膨胀的自信与市场一同上冲。而另一方面，专业选手则如同猎隼寻找着自己的下一个猎物，即趋势减弱的蛛丝马迹。这并非是疑神疑鬼；相反它是交易计划的一部分，在市场正如你所愿时它常常被抛之脑后，或者至少被认为是无关大局的。今日已练就的猎隼很可能曾是昨日折翅的老鹰。

职业交易员总是带着很强的守势，常常在股票显示出颓势时锁定部分利润。那之后呢？当股票经历了短暂的获利回吐下跌后，只要主趋势尚存职业选手就会寻找机会再次介入。一旦买方能够重新控制住短线趋势，在长期移动均线之上的盘整往往会导致更为猛烈的上涨。

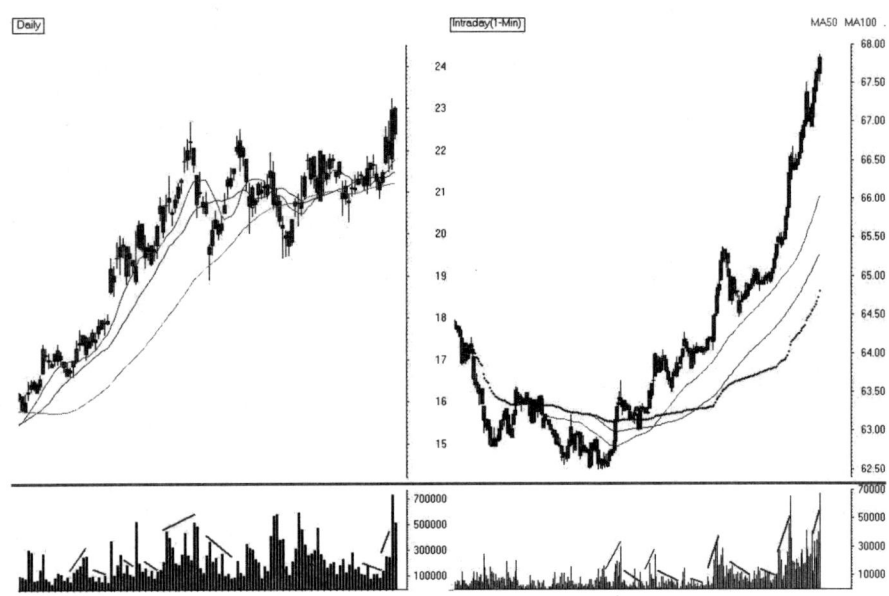

图4.2 放量上攻和随后的缩量盘整显示出积极的买入操作和温和的获利回吐。这一形态强化了上升趋势的牛市属性。供图：RealTick by Townsend Analytics

研究成交量可以使我们监控上升趋势的力度以确认趋势还未开始减弱。通常情况下，只要上涨放量回调缩量，上升趋势就能够得以延续。与之相反，缩量上涨就应该谨慎对待。要是回调放量的话，趋势延续的力度就值得质疑了。

需要指出的是，股票在加速上涨的过程中并不总是伴随着成交量的放大。让卖空者大为沮丧的是，有些股票暴涨时的成交量反而低于之前上涨时的量，这其中的原因就是供给的缺乏，卖空的交易者在恐慌中被迫高价回购来限制与日俱增的损失。成交量也许是清淡的，但收益只来自价格上涨！如果你是多头，降低仓位并随时准备在趋势首现减弱迹象时退出。可别被贪婪迷住了双眼，迷恋上了公司或者它的产品并发誓"死了都不卖"。许多这样郑重宣誓的持有者最后的结局都是卖出的时机太晚、卖出的价格太低了。

断档的阶梯

业余选手大都有着只涨不跌这样不切实际的倾向，职业交易员则更倾向于进二退一这般稳健的走势。上升趋势中的回调是具有牛市属性的、正常并且是长期趋势延续所必需的；它是一个自发的"*洗盘过程*"，在回调中更为坚定的持有者取代了短线交易者的股份。

趋势中的回调也让早期的卖空者更加坚信自己的判断，当他们无所顾忌地做空一轮主上涨趋势时，其卖空的股份也意味着将来潜在的回购需求。

当牛市重新占据上风时，以下三种情况会随之而来：

1. 股价已然蓄势待涨，上涨势头的追随者又开始买入；
2. 场外资金也按捺不住了；
3. 空头卖方赶着回购止损。

而长线投资者在股价创出新高前则并不大愿意卖出自己的持仓。就这样，增加的市场需求和长线持仓者减少的市场供给共同构成了新一轮上涨的要素。

当股票经历强劲的上涨势头时，这背后通常是机构投资者持续买入的结果。由于机构买盘能对股价产生巨大的推动作用，我们最理想的做法就是搭上他们的顺风车。

强势上扬的股票常常会伴随重大的基本面利好。记住，突发消息倾向于和趋势运行的方向保持一致。尽管此时偶尔也会看到一些利空消息，但是股价仍然会继续走高，因为空头会把握任何一次回调机会来回购止损。

你也需要认识到确实会有某些真正的突发利空能让一轮趋势戛然而止。这种情况虽然相当罕见，但如果对市场仅是过激反应心存"奢望"而没有做到及时止损的话，从投资收益和投资者情绪上讲都是极具破坏性的。作为一般性原则，如果向下跳空缺口达到5%或以上的话，我就会认为这一轮趋势已经中断（如图4.3）。由于此类价格缺口通常伴随着重大的基本面消息，对你交易的股票将发布消息的日期要做到心知肚明。

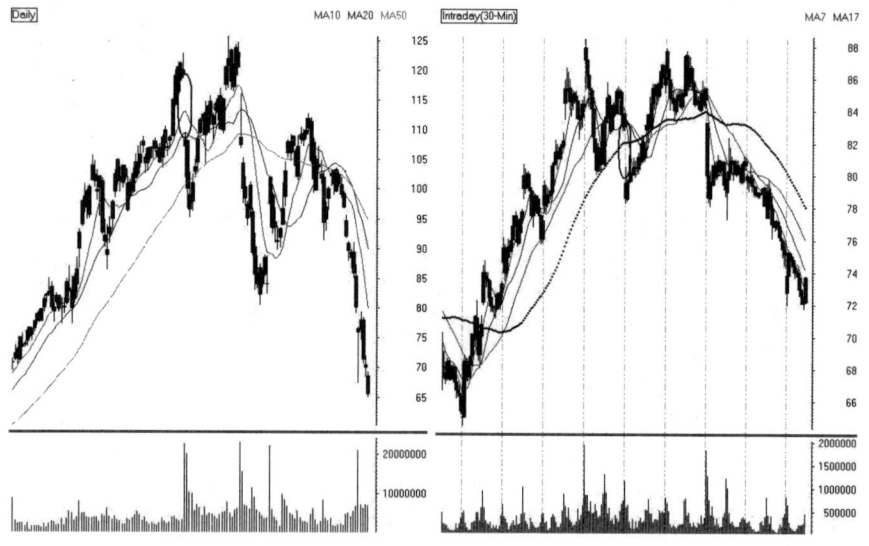

图4.3 在上升趋势中巨大的股价跳低缺口往往预示着这只股票未来还会遇到更大麻烦。供图：RealTick by Townsend Analytics

上升趋势的末端：为时已晚吗

在上升趋势的后期产生重大影响的是情绪化的市场参与者，他们在与日俱增的贪婪和恐惧的交织中被吸引入市。前面提到过，在一轮上涨趋势中恐慌的情绪来自被套的空头卖方；随着股价的每一波上涨，损失惨重的被套空头唯一的解脱就是按下买入键。不要仅仅因为你觉得股价"涨得太多了"就卖空，要避免这样的错误；在上升趋势中持现相比卖空总是更好的选择。

当行情过热时股价就不能再持续走高了，这尽管看上去显而易见，但上升趋势的后期却是被情绪所左右而不再是理性的了。在后期伴随着各种利好消息的发布，市场上乐观情绪高涨，获利来得太快已经超过了"合理估值"的范围。而且，在前期做空的空头卖方已经被逼仓到不顾一切地疯狂回购买入。当看上去是病人在经营精神病院时，传统的估值工具如市盈率就疗效甚微了。

市场上的资金总是无利不起早，场外资金会流进那些表现最抢眼的股票。在暴涨趋势中轻松获利的诱惑让那些最犹豫不决的买家也放松警惕，加入进来追逐上涨势头却把风险管理抛之脑后。加速上涨让人产生股票交易是件容易的事的幻觉，却又往往被一通迅猛的获利回吐所"击碎"。*股价距离有效支撑走得越远，买入的风险就越大，这与趋势是否已经成形无关。*

从某种意义上说，上升趋势的后期成了一场抢椅子的大戏。这一阶段在严格遵守纪律的前提下追逐上升势头会赚得不亦乐乎，但这一切可能会因为某个大鳄决定短时间内卖空持仓退出该股票而不得善终。上升趋势的这一阶段买入股票是危险的，因为行情会随时终结。

在上升趋势的后期，因贪婪所导致的暴拉暴涨带来的教训应该引起你的警觉，要密切关注短线股价图，因为这样的股票跌起来能比上涨时更加迅猛。在你的利润被拿走之前就要锁定它。

在后期股价突然下跌后往往会有反弹，但如果不能迅速创出新高，这可能就是更大更活跃的卖盘将持续出现的第一个迹象。

当抛售比之前的回调把价格打得更低使其跌得更快时，这便是交易者们在紧张地抢着锁定利润的迹象。价格上的大幅下跌总会吸引一些买方，他们也许最终能把股票重又控制住一段时间，但这也会引发更多长线多头的忧虑。到了这个时候，股价往往会在长期（上扬中的）移动均线处得到买方支撑。当一支强势股票快速下跌时，会存在这样一些很好的反弹上冲的机会，但同时也要尊重失败的风险在增加的事实，否则你很快就会发现自己遭受到了重大损失。

当回调不能快速地反弹复位，这意味着竞价过程已经开始变调，尤其是当下跌卖出放量时。有时基本面消息事件会促使参与者重新审视他们的买入决定，并由此引发不顾市场冲击的立即卖出的决定。当基本面的催化剂促使价格快速猛烈下跌，我总是会立即卖出，因为这往往意味着上升趋势即将终结。

当移动均线开始互相交织在一起，就是各个时间周期上的参与者对趋势缺乏共识的第一个迹象。对我而言，这是一只股票进入派发阶段的开始，也是一个明确的离场信号，该去寻找趋势尚完好的下一个交易对象。

第五章　阶段 3——派发

正如所有其他的市场周期一样,我们期望一直延续下去的周期也都会逐渐熄火。牛市有了它的出头之日,随后也终将灰飞烟灭。就这样我们进入了第三个阶段:派发。当买方逐渐失去买入的信心,卖方开始挂出更大的卖盘,股价就难以再继续上攻了。短线客不再把这只股票看作是能快速获利的对象,牛市阶段开始逐渐转变为一个更为中性的市场环境。当快枪手们意识到短线获利的机会不再时,他们就会卖出然后继续寻找下一个热门股。

短线客的这些操作起初将在股价图上以短期均线下穿中期均线的形态明确地显现出来(如图 5.1)。正如蓄势阶段一样,移动均线互相交织在一起表明在所关注的时间周期上趋势的纠结。长期趋势是短期趋势的总和,当移动均线开始互相交织在一起时,就标志着市场处于犹豫不决之中。对趋势缺乏共识表明关注不同时间周期的市场参与者之间对该股票存在着不同的价值判断,买入做多不再是大概率上具有优先级的操作。

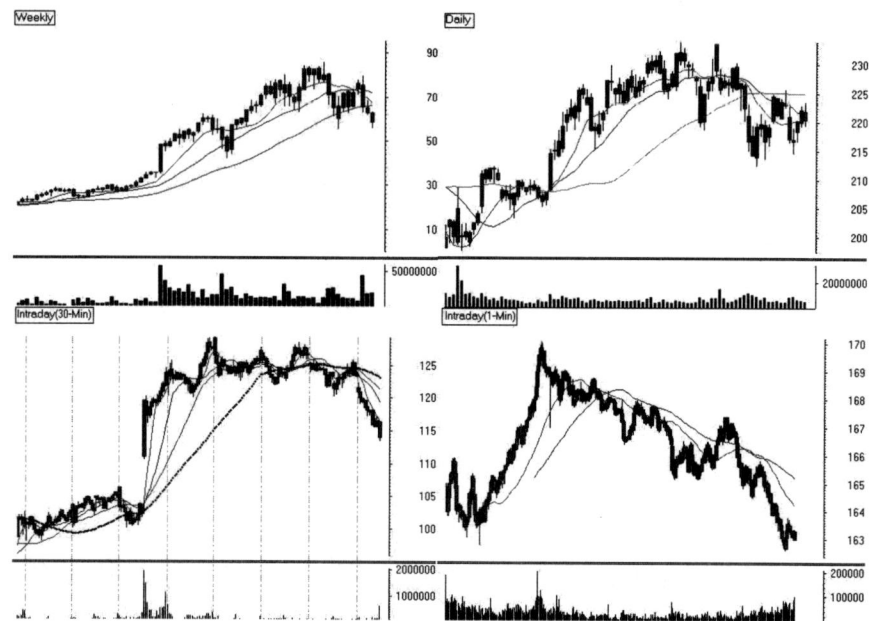

图5.1 派发是在一轮上升趋势之后，是一个控制权由买方逐步转移至卖方的过程。在任何一个时间周期上，派发的初期迹象是移动均线交织在一起，短期均线向下穿过较长期的移动均线①。供图：RealTick by Townsend Analytics

从牛市到中性市场的转变之旅

派发阶段的初期往往会出现剧烈的震荡，这是牛熊为了获得对趋势的控制权在反复较量。当这一过程在股价图上显示出来时，它表明买方市场正在转化为一个更为中性的市场环境。由于如今的震荡来自一只前期处于趋势性上涨的股票，趋势交易者需要大幅降低对后市持续上涨的预期，并开始寻找其他更好的交易机会。

---

① 左上为周线图，右上为日线图，左下为30分钟分时图，右下为1分钟分时图（译者注）

顺便说一下，派发并不必然意味着股票将反转进入下跌阶段，但这种犹豫不决的走势并不能给交易者带来有利可图的机会。股价有可能重新恢复上涨走势，尤其是早期阶段当长期移动均线仍然在上扬时（见图5.2）。但是对处于派发阶段的股票更为常见的情况是振幅逐渐收窄，趋势获利的机会愈来愈渺茫。

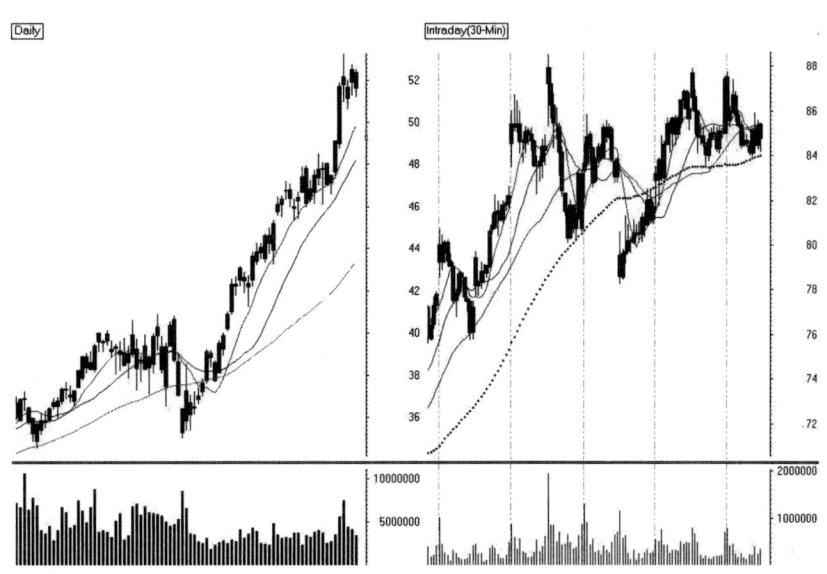

图5.2 短期和中期移动均线相互交织表明市场正犹豫不决，如果这发生在一轮上涨之后，就应该引起我们对派发的警觉。派发的表象并不总会引致价格的崩溃，只要长期移动均线仍处于上扬之中，疑虑之下仍应倾向于买方继续占优。供图：RealTick by Townsend Analytics

尽管激进的交易者在波幅有限的市场上仍能获利，趋势交易者仍会感到当市场缺乏一以贯之的单边势头时是非常令人沮丧的。被这样的股票占用资金是毫无意义的，在其他股票上很可能存在着更好的趋势交易机会。坦白地讲，与交易滞涨的股票那种令人沮丧的经历相比，持现往往会是一个更好的选择。现金在手，你可以客观地等待合适的机会，到了该出手时再出手。当看不清楚时，就多看少动！

对于许多投资者来说，派发阶段可谓是一个让人备受煎熬的时期。利好消息、拆股、调高评级一经发布，第一反应就是买入。然而这些基本面的变化收效甚微，上冲的尝试受到了来自减仓中的卖方大笔抛盘的阻力；他们会很高兴地把股票转手给在这个阶段买入的人。利好消息常常出现在股价顶部，此时股票已经经历了一波大幅上涨，那谁还会买呢？在股价暴涨之后借利好消息出货的过程被称为"买的没有卖的精"。

在股票"派发"的过程中，随着股价开始震荡，成交量通常大于上升趋势后期时的成交量。放量滞涨是派发阶段的典型标志。

要知道股价顶部的形成通常比底部的形成花的时间短。常常会有假摔套住了在早期做空的卖方，然后他们不得不进行空头回购，这就加强了股票在这一阶段的中性属性。股价如此的上下波动一直持续到买方失去了信心或者资金继续买入。

在派发阶段的早期至中期，长期移动均线仍将上扬。上升的移动均线表明尽管市场总体上表现的犹豫不决，长线买家可能仍在场内。当移动均线仍在上扬之中，任何明显的股价崩溃都不应被认定为将持续走低。随着派发消磨掉更多时间，长期移动均线开始"逐渐走平"，表明长期趋势也在变得中性化。

以下是派发阶段到了中期将会发生的一些变化：

- 净卖出的大持有者开始担心能否继续减持而不冲击到市场价格。
- 剩下的买方变得不再那么活跃，开始降低出价以期获得更好的成交。
- 之前的一些买方成了净卖出方，同时降低了市场需求、增加了市场供给。

- 剩余的长线多头意识到了过渡迹象，开始积极卖出，不再挂出限价卖单等着买方来，而是直接向下砸掉买盘。

正如你所看到的，各种相互纠结的情绪在市场上流行，共同造成了当前缺乏明确方向的市况。接近枯竭的买盘和更为主动的卖盘一起让股票的市场环境变得脆弱，仿佛蹒跚在崩盘的边缘。

随着买方逐渐失去兴趣而卖方变得更加的活跃，崩盘的预期诱惑人们卖空股票。尽管如此，也别先急着卖空；等到卖方控制了局势再说。当长期移动均线开始走平——甚至下行——这表明股价崩盘的可能性日渐增加。

形成一个技术形态花费的时间越长，随后的价格变动也就越大；对于顶部而言，据说"头部越大，跌得越多"。花费较长时间形成的头部会套住更多的多头，而当股价最终向下破位并创出新低时，就会在情绪上增加卖出的压力。从另一方面也可以推论出如果派发阶段越长，那么空头卖方就有更多的时间做空，当股价最终向下破位时，就会有更多的多头急着减仓变现，空头也会变本加厉地做空。

现在只有走下坡路了

当卖方更加执着地挂出卖盘、买方的信念日渐消退时，股票的弱势在股价图上表现为不断拉低的高点。迫在眉睫的崩盘也表现为股价更为频繁地考验支撑位。在支撑位上吃掉源源不断的卖盘削弱了买方的承受力，也迫使空头卖方更加凶猛地挂出抛盘来试图吓退尚存的买方。

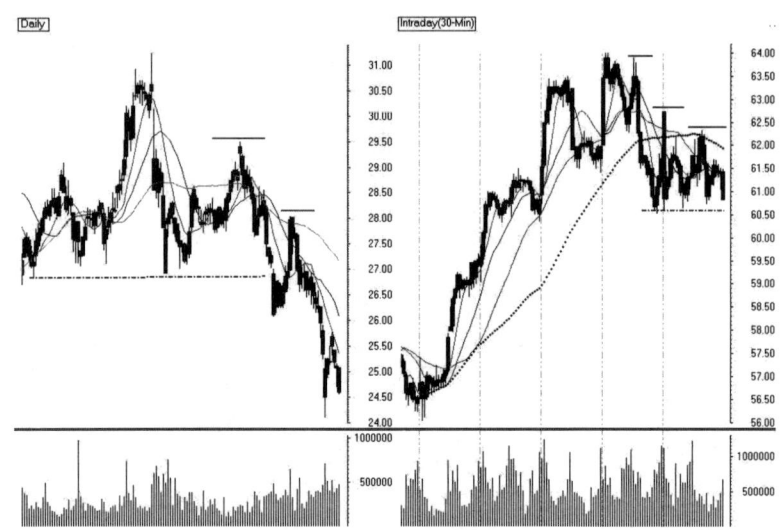

图5.3 派发阶段后期的特征是：不断降低的高点、长期移动均线从走平至下行、更加频繁地考验支撑位并往往伴随着放量①。供图：RealTick by Townsend Analytics

这个阶段在支撑位上的任何反弹都会受遭遇价格愈来愈低的抛压，直至买方干脆撒手不管，第一波恐慌性抛售很可能即将上演，股票也进入了第四个阶段：下跌。

---

① 左图为日线图，右图为30分钟分时图（译者注）

第六章 阶段4——下跌

熊市！对大多数市场参与者而言，下跌的阶段4是一段阴暗吓人的时期，希望它根本就不曾发生。无论你是个与生俱来的牛市多头或者因为401K养老金账户只能做多而别无选择，熊市都是大部分市场参与者最不喜欢与市场产生瓜葛的时候。不幸的是，对于许多试图接住下落中的刀子的投资者而言这是一段痛苦的经历，早知如此不如等它落下来后再轻松捡起。

对于那些常年不息地散布悲观言论的乌鸦嘴来说，熊市是他们宣布"早就跟你说过"的时候。

事实上，从多头的恼怒到空头的欢喜——陨落的股价引发了普通市场参与者最为强烈的情绪反应。然而，如果你是一名客观的交易者，理解市场本身的周期性属性的话，熊市则意味着一个短线获利的极好机会。在下跌中，无论你是选择卖空获利或者仅仅希望避免自己多头持仓的损失，能够认清熊市环境对于在市场上长期兴旺发达所必备的防守性属性都是关键的。

对于如何准确界定什么是熊市有过许多尝试，但归根结底就一条：在这样的市场环境中，最小阻力的运动方向就是下跌。卖方显然在控制着走势，并能够不断地拉低高点和低点。在当前的价位上供给超出了市场需求所能承受的范围，迫使价格继续向下寻找流动性。如此而已。

下跌开始前第三阶段的派发断绝了市场进一步上升的空间，卖方逐步从买方处夺取了控制权。当价格跌破第三阶段的低点并不断拉低低点和高点，一轮下降趋势就已经开始了。寻求上涨应当被作为"有罪推定"。

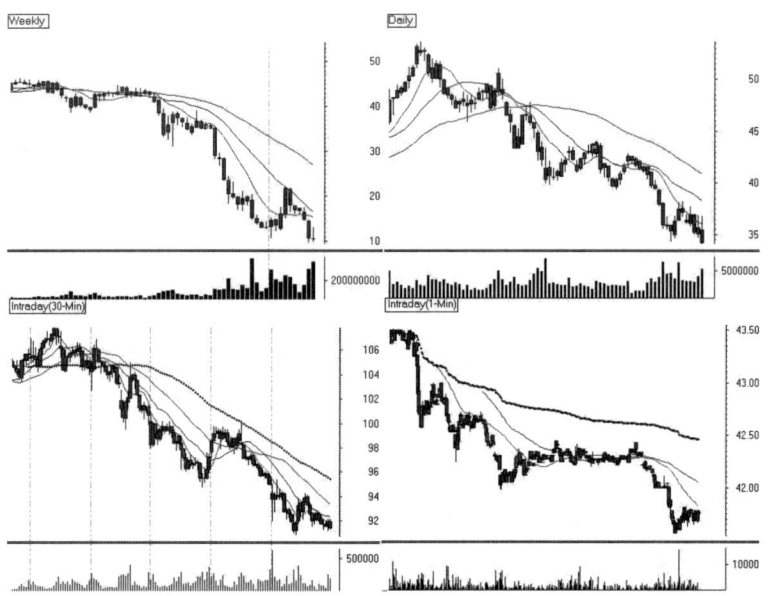

图6.1 阶段4作为下跌阶段其主要特征是不断拉低的低点和高点。请注意移动均线的运行方向，通过它们可以快速确认"最小阻力路径"[①]。
供图：RealTick by Townsend Analytics

注意，趋势反转在早期是能够发生的。然而，当愈来愈多的多头被损

---

① 左上为周线图，右上为日线图，左下为30分钟分时图，右下为1分钟分时图（译者注）

失套牢，恐慌性卖出变现就越来越可能发生，而且通常会上演数轮。不仅买盘稀缺，卖盘也因为更多的空头加入进来而日渐增多，给市场带来进一步的压力。熊市环境下最显著的技术特征开始走上前台——位于下行的长期移动均线之下且不断拉低的低点。

在一轮主下跌趋势中抢反弹看起来既容易又颇具诱惑力，这样做多也有机会赚到钱。但是简单的算数会告诉我们卖空的胜算更大。例如，当一只股票下跌了三个点，随之而来的逆趋势的反弹不会超过三个点，只有这样下跌趋势才能保持继续。换句话说，*在一轮下降趋势中，跌幅的总和一定会大于反弹的总和*。大家对趋势交易基础的把握（趋势一旦确实，其继续下去的概率要大于反转）也会增加跌幅扩大的可能性，下跌会一直持续到超过跌势中反弹的幅度。这给了我们充足的理由来积极做空。

卖空：威力巨大，但应谨慎为之

好吧，市场开始一路向南。接下来呢？你需要在自发的一厢情愿与股价图上的客观现实之间找到平衡点，学会尊重下降趋势所具有的能力——如果你选择与趋势为敌的话，它会给你的资产价值带来毁灭性打击。另外，如果你对卖空感觉不好，或者出于某些个人原因反对卖空的话，在熊市中你就处于极大的劣势。

华尔街上最难做的工作是预测底部，坦白地讲，没有人能在市场底部到来的时候敲响警钟。然而出于某种原因，大多数的市场参与者似乎都会被下跌中的股价所吸引。人性中的乐观情绪和零售环境中培养起来的热衷于打折促销的行为习惯一起为阶段四的股票下跌筑造了一条"希望破灭的通道"，沿途把不知所措的多头的美梦和财富一道碾灭。

当面对不断下跌的股价时，我们都有过那种无助的感觉，翻遍每一篇新闻报道寻找哪怕是一丁点利好的蛛丝马迹来充当继续持有的理由。这徒劳无获的举动只是为了推迟面对那无法回避的真相，但这并不能抹去你的损失。据说"踏空总比被套好"，这话在此时或许是再有道理不过了，"寻寻觅觅"只为那并不光明的前景找到一个继续下去的理由。

对多头参与者而言，第四阶段的下跌以两种恐惧情绪为特征：

- 第一种恐惧情绪是股价的持续下跌将让他们血本无归（这种情绪还好，它也许能促使你采取行动变现）。

- 第二种恐惧情绪是担心不卖不涨一卖就涨（这种情绪要不得）。不要为主下降趋势中短暂的反弹所困；走势短线的反复通常将融入更强有力的长期趋势所指向的方向。

对空头卖方而言，伴随股价的下跌贪婪占据着主导地位，他们美滋滋地看着账户市值不断攀升。然而他们在下降趋势中也并非对恐惧情绪免疫，短线反弹可能随时来临，对利润丧失殆尽的恐慌促使空头卖方进行回购。卖空机制似乎让人有着一种与生俱来的不安全感，因此一旦股价短线表现出强势，空头们常常就会赶紧回购平仓。

我自己也倾向于快速回购平仓，因为一些最为强劲的反弹就发生在下降趋势中，这种情况下持有空头仓位能在一夜之间带来重大损失。我宁愿先行获利平仓，短线猛烈反弹时在场外观望，然后等股票重又恢复弱势后再建立空头仓位。我个人的经验是由于主下降趋势中短线逆势反弹的到来会让人如此措手不及以至于做空比做多更难。

由于熊市中振幅巨大，做空应当采取比牛市中做多更为积极主动的交易策略。当股价正如空头所愿短线下跌时，这可能孕育着极好的获利机会，一方面做市商不愿接盘导致买盘稀薄，另一方面恐慌的多头还在卖出变现。

在一轮已确认的下降趋势中，反弹通常是弱势、缩量的，很快就会失败，更多的买方会泄气地发现底部还没有到来。弱势股票就好像一名失利的拳击手，一次次地挣扎着站起来又一次次被对手击倒。倔强的拳手会无视教练"趴下"的叫嚷，正如买方不断地尝试抓住底部。这些参与者无视市场"大呼"离开。没错，市场确实在对我们"大呼"，这叫声就体现在不断下行的移动均线上。当股票经历一次短线的反弹，会在上次卖方占据上风的价位之下就涌现出一波新的卖盘；这种走势在股价图上体现为不断拉低的高点。当然，不断拉低的低点出现在多头们意识到他们并不能"抄到底"而不得不嫌恶地卖出时。看出来这一切都是相互关联的了吧？

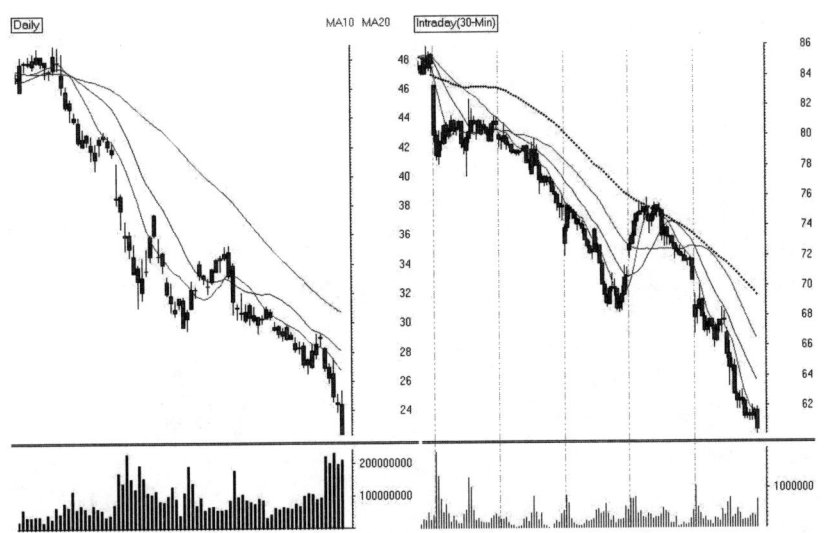

图6.2 处于下降趋势的股票跌起来会很快，下跌粉碎了那些蠢蠢欲动试图抄底的人的美梦和账户市值①。 供图：RealTick by Townsend Analytics

---

① 左图日线图，右图为30分钟分时图（译者注）

消息和跳空缺口

当股票已经确立了一系列不断拉低的高点和低点的走势时，偶尔会因为新闻发布、分析师调高评级、公司公布股票回购计划或其他基本面的原因而跳空走高。

要知道下降趋势中这类突发的反弹有时能诱使最具纪律性的交易者进场做多，但通常的结局是今天还满怀希望的买家成了明日被套的恐慌卖家，他们发现早已有卖盘守候多时只待这样的变现机会出现。

不要相信下降趋势中的跳高缺口，因为它们有着令人生厌的反转倾向。相反，密切关注短线时间周期，当反弹挫败时寻找机会入场做空。

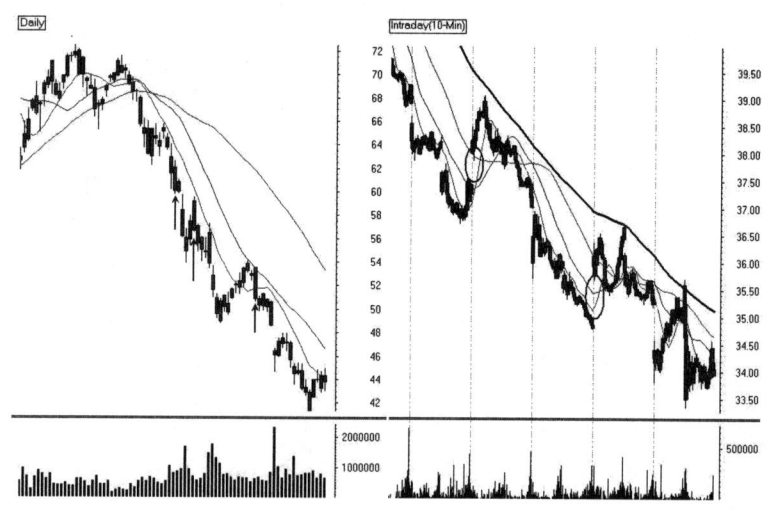

图6.3 即便处于下降趋势的股票出现了跳高缺口，也不要追逐这样的短线强势，因为它通常无法维持。底部的形成是一个过程，而非一次性事件①。 供图：RealTick by Townsend Analytics

---

① 左图日线图，右图为30分钟分时图（译者注）

第六章 阶段4——下跌

尽管有些自相矛盾，但常常是"利空消息"在股票下跌中诱发短线强势。在股票莫名其妙地持续下跌了几天之后，利空消息公布，通常那些信息不灵通的多头买方会下意识地卖出，因为他们发现公司基本面并不如他们之前研究的那样美妙。在技术指标弱势的股票由于利空消息出现跳低缺口时，预料到股价会跌的空头卖方则常常利用这样的小规模恐慌带来的变现机会进行回购平掉部分——如果不是全部——空头仓位。

当利空消息暴露了那些不够坚定的多头，他们卖出的股票会被有备而来的空头回购以锁定部分利润，或者被更为坚定的多头买入并打算长期持有下去。大规模的价值投资者有时也会借公司利空消息的发布为契机开始吸筹，但这时买入的股票通常只是往后更大规模的仓位中很小的一部分。

我想再次强调下跌趋势中使用市盈率、现金流和其他基本面指标作为交易决策关键要素的危害性这一魔咒。在下降趋势中，心怀希望会诱使市场参与者们把这些传统的估值工具拿来作为他们建立多头仓位的理由。但是只有价格才能带来回报，持续下跌的价格所传达的信息是切勿买入。在熊市环境下，这些估值工具会远远跌破大多数人的期望值，然后又恢复至超出均值。价格是价值的唯一客观衡量指标，当认知发生变化时，价格和估值也会变化。

另一个诱惑是买入一只股票只是因为觉得它"跌得太多"了。这种想法建立在企盼卖方"幡然醒悟"意识到股票价值的基础上。他们不会的。当市场参与者为情绪所左右时，逻辑和道理都被抛之脑后了。要知道下降趋势中的股票恰恰会在最不合时宜、下跌最惨重的时候让情绪控制住这些没能在第一时间跑掉的交易者。当缺乏市场需求时，股票永远不会跌得太多。

下跌接近尽头了吗

当下跌接近尾声时，常常会见到更为强劲的反弹发生。这些上冲可能会相当猛烈但通常都很短暂，原因是它们是空头的回购平仓操作使然，而不是真正的长线多头在吸筹。

下跌的末期仍然会因为大气候的原因而继续有一些卖单出来，这是最后一批执拗的多头心怀恐惧和嫌恶在变现，还有一些场外的看客可能受不了做空的诱惑而入场，因为"显然"这只股票遇到了麻烦。

下跌末期扩大的振幅将会开始逐渐缩小：（1）情绪化的参与者被震荡出局；（2）长线参与者开始介入，为下一轮拉升做准备，他们的吸筹操作与尚存大户有条不紊的卖出操作相比逐渐占据上风。

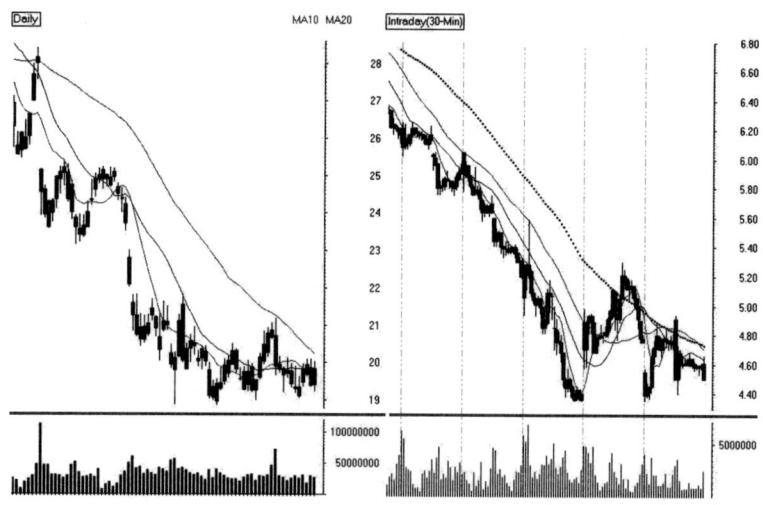

图6.4 接近第四阶段末期的股票常常会"反弹"冲高，然后在（仍然下行的）长期移动均线附近遭遇进一步的卖压①。供图：RealTick by

---

① 左图日线图，右图为30分钟分时图（译者注）

Townsend Analytics

当股价开始有了低点不断被抬高的迹象时（高点尚未开始抬高），股票很可能就将进入单调乏味的阶段1：蓄势阶段。下跌阶段的结束对那些固执的一直捂股不动的多头来说或许是种解脱，但是这种解脱随着股票中性化而逐渐被挫败感所取代。正如我们已经了解到的，接下来的蓄势阶段能够持续上数年的时间，如果下跌阶段没有吓跑你的话，蓄势阶段往往也能把你拖垮。

第七章　支撑和阻力

牛顿第一运动定律表明任何物体都会在运动中保持同一方向直到相同或更大的反向力迫使它改变运动状态为止。对于许多市场参与者来说，最大的谜团之一是为什么一只股票的价格越高需求越大。同样让人费解的是为什么价格降低却会诱发市场参与者提供更多的供给。

这种困惑是对"价值"认知的条件反射的结果，这里所说的价值通常是指日常商品的零售交易价格，在某一固定价位往往可以预测市场需求的多少。但是在一个竞价市场比如股市，在寻求不确知的"公允价值"的过程中，价格始终处于一个不断变动的常态。由于股票交易者和投资者的买卖决定受到无数因素的影响，在各个价位上都存在着非弹性的供给和需求；这导致股票价格很少处于一个真正的均衡状态。

弹性是指当价格变动时供应量或需求量的变化。股价向上"突破"某个技术阻力位时，需求通常会增加，供给则会缩减。这其中的原因非常简单：卖方意识到他们所持有的股票正在受到更为积极主动的买方的需求。

这种供求之间的转换导致股价持续走高，攀升至一个能满足增加的需求的有效价位。更高的价格会促使更多的供给进入市场，直至逐渐地达到供过于求，之后价格走势就会反转。

与试图了解引发市场参与者估值变化的所有可能原因相比，上述供求因素的现实状态显得更为重要。经过盘整后形成的有助于实现供求平衡的价格水平被称为支撑位和阻力位。当股价确实达到了一个供给和需求"数量相当方向相反"的水平时就会导致股价在一定时期内暂时维持不变。这种横向的静止时期是股价周期性变动的例外情况。

以下是理解支撑和阻力的一个最简单的例子。把一个球直接向天上抛出去，皮球会一直向上运动直到重力超过了球向上的力量。在弧形运动轨迹的顶部，皮球似乎因为遇到"阻力"而短暂地停止下来，然后继续回落到地面。皮球在空中"悬浮"的这一短暂时间就非常类似于一只股票的转折点，即所谓让人难以捉摸的"顶部"，多少人曾试图在这个位置卖出他们的股票或者建立空头仓位。

当皮球猛地落回地面，重力的作用让它一直加速到接触地面的瞬间。初次猛烈撞击地面时吸收了大量下降的能量，让皮球短暂地找到了"支撑"然后再次弹起。皮球在空中悬浮或与地面接触的时点对于要考虑的抛球、加速和重力发挥作用的整个循环周期而言是无关紧要的。

对于股票而言也是同样的，顶部或底部形成的准确时间并不重要，然而就是那个转瞬即逝的价位却让业余选手倾注了他们大部分的注意力。

认识无方向的波动

获利当然不是靠预测顶部和底部，而是需要在某个价位参与到一个正在进行的趋势中去，使得对于潜在的获利空间能够实现风险的最小化。在这个过程中你会经历一些无方向的波动时期。

和皮球的例子一样，股票市场供给和需求之间也能发生迅速转换，但更有可能发生的是牛熊之间逐步渐进的角色转换。两者为了控制价格变动方向的你来我往的争夺形成了支撑和阻力位，这是趋势得以发展的基础。这些位置伴随振幅的减小和供求的平衡而形成，市场在一波猛烈的单边波动后"稍事休息"。

在股票周期中缺乏方向的时期就类似于开车时遇到交通环线的时候。你也许一直在驾车高速前进，但当接近环线交叉路时，你必须减慢速度——甚至暂时停车——如果遇到大量的车流"供给"阻碍了继续前进的势头的话。你前进的方向不得不暂停下来直到有足够的时间让其他方向（交叉车流）的车辆通过。正如交通环线一样，市场上并不存在一个时钟来告诉你股票要在什么时候继续上升或者下降，交通堵塞将一直持续到或者买方或者卖方重新控制住局势为止。

对于追逐势头的交易者来说，无明确方向的波动是一段缺乏确定性的时期，并不适合建仓。长时间停留在这个状态加上价格波幅逐步收紧让股票蓄积起能量，当振幅范围在任何一个方向被突破时，价格就会迅速且猛烈地启动。这期间不要犯下被引诱入场的错误，否则会在相反方向被打得措手不及。

我们永远无法完全了解在每一个给定时点导致市场参与者买入或者卖出的催化剂是什么；然而可以肯定贪婪和恐惧是这些买卖决定的根源所在。所有的市场参与者，无论多头还是空头，都在不同程度上被获利的愿望所驱使，同时又在不同程度上担心蒙受损失。正是不同程度的贪婪和恐惧防止了股价在盘整之前在某一个方向上走得太久太远。

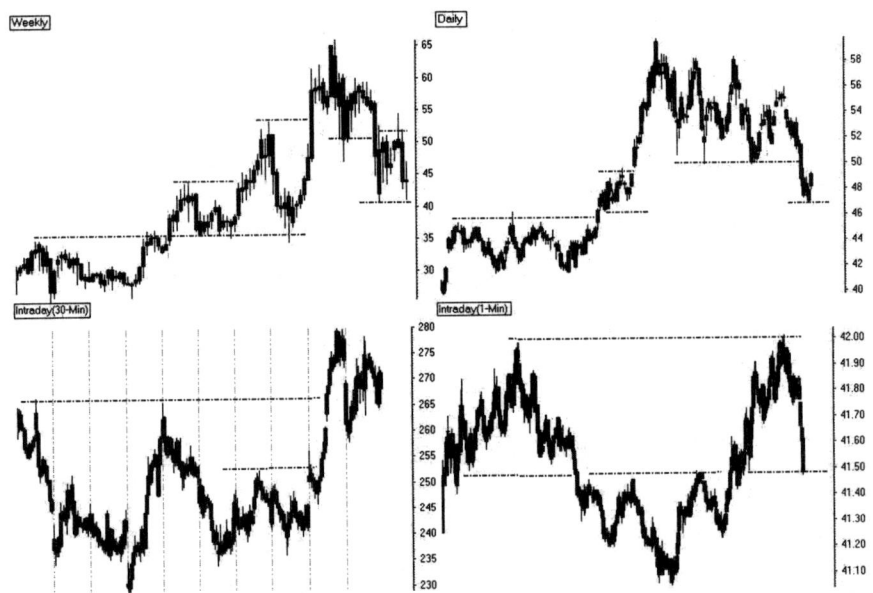

图7.1 支撑和阻力位会在从周线图直至最短时间日线分时图的所有时间周期上形成①。供图：RealTick by Townsend Analytics

支撑位和阻力位是牛熊为了趋势控制权而展开争夺的战场。一般而言：

- 阻力位因被动性卖出形成（相比主动攻击买单而言是指挂出限价卖单），被主动性买入突破（相比耐心地挂出限价买单而言是指主动攻击卖盘）。
- 支撑位因被动性买入形成，被主动性卖出突破。

股价在经历过一段时期的上涨之后，总会在某一价位上遇到相当或更大的反作用力，阻止股价进一步上升的势头。这股反作用力就形成了阻力位，在这个位置上更多的市场参与者感觉到股票已经被过高估值了，多头

---

① 左上为周线图，右上为日线图，左下为30分钟分时图，右下为1分钟分时图（译者注）

获利变现（对丧失利润的被动恐慌），空头建立卖空仓位（预期股价将反转的被动贪婪）。

为何关注支撑和阻力

某个阻力位最终将构成股价的顶部，但更多的时候阻力位只是一段暂时的不确定性，待其消除之后股价又会恢复上升。当股价连续突破阻力位后，常常会有一个突然的上冲，这就是为什么许多交易者格外关注"关键"的阻力位。阻力位的突破源自追涨的新进场资金、空头的止损平仓和减少的卖盘挂单。

除非公司破产，下降趋势中的股票总是会在某一估值水平吸引到买盘，从而停止下跌。股票就在这个位置找到支撑，买方开始对任何卖盘照单全收，股价也拒绝进一步下跌。在支撑形成的位置上空头卖方回购之前在高价上卖空的股份来锁定利润（被动挂单锁定收益），新的买家被他们认为的折扣价吸引而至（被动贪婪），卖家动机也变得缺乏（害怕在地板价位上离场认赔的被动恐惧）。增加的需求和缩减的供给一道让股价难以继续保持其下跌轨道，现在有更强的买盘支撑。但是如果支撑位被跌破，就会导致股价迅速走低，这是由于新的卖空仓位被建立起来（受主动的贪婪驱使），多头也在卖出变现（受害怕亏损的主动恐惧驱使），并且关键时刻买单却缩减（对买跌的被动恐惧）。

市场的记忆力

以下是一节重要的心理课，当你阅读时，把它也扩充到你自己从心理角度对待市场的方式中去。

据说价格有记忆力，事实已经一次又一次的证明这不只是说说而已。

然而，要知道所谓的记忆并非只是股票价格图上所展示给我们的那些东西；更重要的是市场参与者们所共享的记忆及它们如何相互影响并发挥作用，如何在市场上演出他们的心理游戏，而贪婪和恐惧贯穿始终。

正是这样的记忆让一只股票在突破后往往又会回到先前的支撑或者阻力位。阻力位被突破后股票会有一个最初的上冲，之后在股价回调时先前的阻力位又会被再次考验，看其是否能够支撑住股价。简单地讲，*一旦被跌破，支撑位就趋向于成为阻力位。相反如是，一旦被突破，阻力位也会趋向于成为支撑位*。

这两句话中的关键词是"趋向于成为"，没有事情是确定的，因此要用止损单做好防备，一旦意料之外的反转发生，不至于遭受突破失败带来的重大损失。

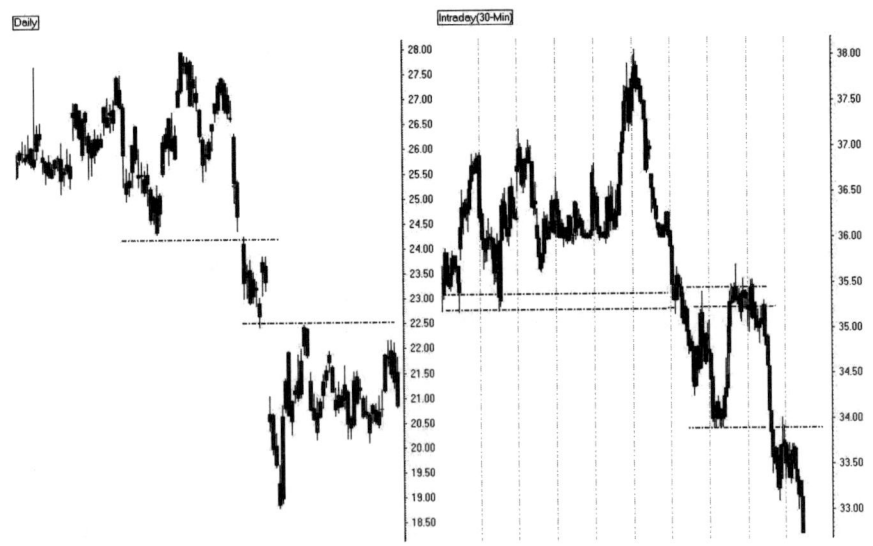

图7.2　当支撑被跌破后，反弹至突破价位时原先的支撑就趋向于成

第七章 支撑和阻力

为阻力位①。注意这个位置更应称之为一个"区间"而非一个精确的数字，对趋势控制权的争夺就在此发生。供图：RealTick by Townsend Analytics

还应注意支撑或者阻力位被突破时也是建仓的好时机。在这个位置上的突破并不是最重要的，最重要的是突破之后的走势是否确认突破有效。重申一下，要对失败的突破有所准备，有效利用止损单能防备遭受更大的损失。

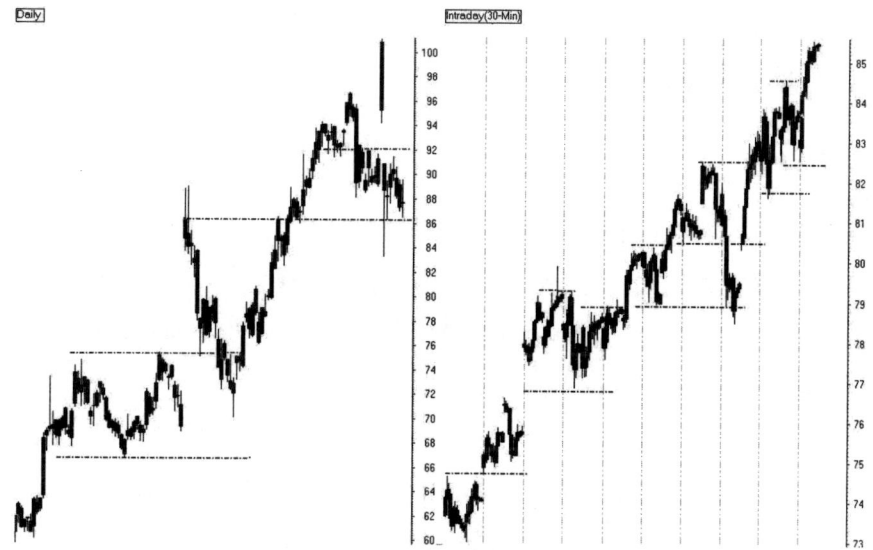

图7.3 之前的各阻力位在股票上升过程中趋向于成为支撑②。供图：RealTick by Townsend Analytics

形成支撑或者阻力位耗费的时间越长，在这一位置上"价格的记忆"就越深刻，越多的市场参与者就会认同这个位置的有效性。更进一步讲，形成支撑或者阻力位耗费的时间越长，这个位置对更多的市场参与者来说

---

① 左图为日线图，右图为30分钟分时图（译者注）
② 左图为日线图，右图为30分钟分时图（译者注）

就显得更为重要，因为该位置构成了所谓的"主要"的支撑或者阻力位。

对这一主要盘整价位的突破会引发那些毫无防备的市场参与者较强烈的情绪化反应。要小心，当这种意料之外的事情发生时，情绪波动会导致缺乏深思熟虑的交易决定，进而引发股价强劲的波动势头。当形成支撑或者阻力位耗费的时间较短时，价格的记忆就不那么深刻，这样的价位就称之为"次要"的支撑或者阻力位。次要价位被突破时，股价大幅波动的可能性较小。

被突破的阻力位

理解为什么阻力位被突破后会趋向于成为支撑比单纯记忆它更为重要。当一支波幅有限的股票冲破了阻力区域，往往会有一批买单冲进场，这是场外资金被形成中的上升走势吸引而至的表现。空头卖方回购平仓以减少损失，之前挂出的卖单也会被撤掉，因为卖方意识到需求在增加，再等等会有更有利的卖出价。

当突破后最初的市场热情遭遇到短线卖压，上升走势会进行回调，在先前的阻力位通常会有买方埋伏希望能够就此进场。

如果股票之前在阻力位之下已经被压制了一段时间，许多市场参与者都会对这个重要位置存在"记忆"。在突破之后遭受损失的空头卖方会在回调中挂单回购平仓以减少损失，这对股价构成了支撑。错过了突破上冲的场外资金也会在先前的突破区域附近被吸引进场建仓。另一方面，短线获利回吐把股价打回到先前的阻力位时，卖方会停止卖出，因为他们也意识到此处会有支撑。因此，和竞价市场中任何转折点一样，在这一估值水平上就会出现供求的不平衡，其结果就导致了走势的转变。

被突破的支撑位

正如上述被突破的阻力位通常转变为支撑位一样，**被跌破**的支撑位在股价回到突破点位附近时也趋向于转变为阻力位。

考虑到多头、空头及场外资金在支撑位**被跌破**后的反应，你就会理解为什么先前的支撑位会趋向于转变为阻力位。你曾在突然下跌前买入过一只股票吗？我们都有过这样的经历。当最初的愤懑消退后，我们接下来会想——如何才能毫发无损地全身而退？最初的悔恨让我们暗自发誓当股价"一旦回到我的买入价"时就把这只股票给卖掉。

股价在先前的关键支撑位之上维持得越久，跌破之后一旦反弹至跌破价位附近就会有越多的多头选择卖出以减少损失。而当股价跌破支撑，空头卖方就占据了强势。他们会在先前的支撑位附近挂出卖单来防御自己的空头仓位，希望这些挂单能吓住弱势的多头让他们纷纷卖出，进一步营造出能让空头获利的弱势。跌破关键支撑位的股票被许多市场参与者视为残次品，场外资金当然对其缺乏买入的兴趣，这也相对地进一步强化了卖压并导致股票更为弱势。

股票常常在重要性被一些技术性事件加强过的价位找到支撑或阻力，例如价格跳空缺口、关键的移动平均线处、反转发生的位置、整数位、前期成交密集区及其他相比而言不太常见的技术指标。

交易员的重心不应该是尽量在支撑或者阻力位上进行买卖，而是确定潜在的供求会产生失衡的价位，在短线时间周期上使用这些区域作为突破口来研究价格波动；然后便能更为理性地评估在这些价格区域是否客观上确实存在涨跌势头的减弱。

真正的支撑和阻力在*事后*才能确知。常常会见到技术分析新手指着价格图上某个之前发生过重要价格波动的位置并声称这便是支撑或阻力位。然而，在趋势行情下这些价位通常会被直接击破。

强度如何

支撑和阻力的强度以及重要性受以下三个因素的影响：

· 其形成所花费的时间。
· 形成期间的成交量。
· 是否在近期形成。

支撑和阻力形成所耗费的时间越长、其间的成交量越大，在突破时就会有越多的市场参与群体的价值评估会受到正面或负面的影响。当有更多的交易者和投资者的收益受到影响时，突破支撑或阻力位所造成的冲击就会被放大。

从波动范围上次形成后过了多长时间——即"新鲜度"——将会决定它与支撑或者阻力价位的相关性及市场参与者会如何反应。对近期形成的波幅范围的突破将会引发市场参与者较大的情绪化反应。而较远期的支撑或阻力位就不会造成相似的冲击，因为时间的流逝会钝化市场参与者的情绪。

第七章 支撑和阻力

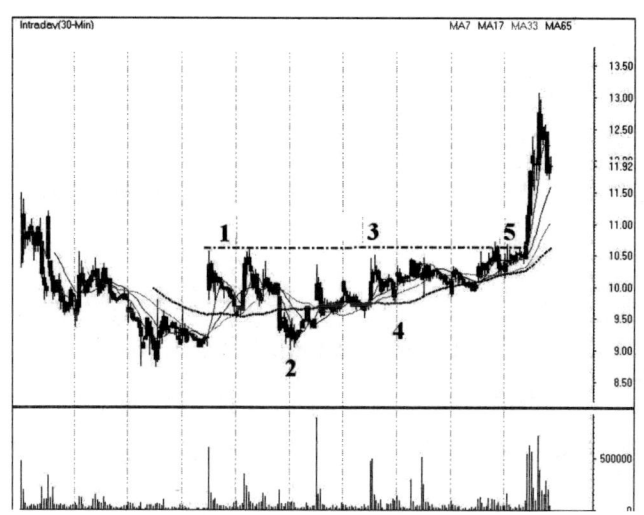

图7.4 支撑或阻力位被考验的次数越多，就越有可能被突破①。图中买方更加频繁地把股价推高到阻力位显示出他们随着时间的推移正在变得越来越积极主动，同时不断抬高的低点也表明价格越来越具备攻势。供图：RealTick by Townsend Analytics

以下几点针对图7.4中的股票而言：

1. 该股在10.5美元附近反复遭遇阻力。对该阻力位的接连考验每次都会消减这个位置上的卖盘。假设有卖家需要卖出500,000股，在第一冲高至此有300,000股卖盘被吃掉，之后买方失去信心股价回落。

2. 股价小幅回落至9.25美元附近，买方重新获得控制权，将股价再次推高至10.50美元一线。

3. 对阻力位的第二次考验或许能吃掉125,000股卖单，之后股价再次回撤。

---

① 该图为30分钟分时图（译者注）

4. 买方开始变得焦急，在比上次回调更高的价位重新控制住走势，股价也许只跌落至9.50美元就被买方托住而停止下跌。买方能够在这一更高价位重新获得上手显示出他们在价格上比之前更具攻势。

5. 现在原先在10.50美元附近的500,000股卖盘仅已剩下75,000股。对阻力位的下一次考验或许就该是买方吸纳掉所有卖盘，股价向上突破的时候了。对阻力位的反复考验消减了在这一区域的供给，使得买方在竞价过程中逐步占据了主导地位。

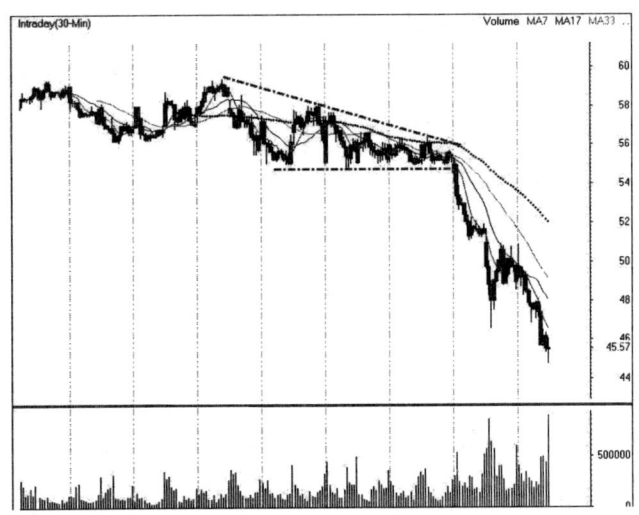

图7.5 支撑位被考验的次数越多，就越有可能无法继续维持住股价①。在股价向下破位之前不断拉低的高点表明卖方在失去耐心。供图：RealTick by Townsend Analytics

---

① 该图为30分钟分时图（译者注）

第七章 支撑和阻力

何去何从

对支撑和阻力位的考察不但可以使我们发掘出一只股票潜在的转折点，而且能够帮助我们在投入资金进行交易前客观地评价股票潜在的风险收益率。在考虑任何一笔交易的时候，问你自己两个问题：这只股票从哪里来？它又有潜力走到哪里去？

多头应该在股票短线第一次创出新高时入场，在最初的突破之后如果继续等待后再入场会让你的资金承担更大风险。初期的止损单应该设置在近期最高的回调低点下方，股价向下距离这个价位越远，风险就越大。

如果你觉得某只股票让人无法拒绝，但是基于与实际突破点的距离，你将支付比理想价格更高的买入价，这时要灵活运用资金管理，只建立相对较低的仓位来弥补要承担的更大风险。

确定一个上涨的目标价位。股票有可能在哪个价位遭遇到能减缓其上升的卖压？如果潜在的获利额至少能够达到三倍于可认知的风险的话，就可以考虑着手准备交易。我们将在时间和风险管理的章节讨论这个话题。

一旦领会，就明白支撑和阻力只是个简单的概念。理解了这些位置形成背后的心理因素能够使我们更准确地评估市场参与者的动机，在最基本的层面看清楚市场的结构。

第八章　趋势

趋势一旦确立就更有可能继续而非反转。这句表述是技术分析方法得以构建的基础之一。对我来说，这就是进行趋势交易的最好理由，因为顺势而为是在任何市场上实现利润最大化的途径。我志在必得。

趋势所指的方向也被称之为"最小阻力通道"，因为股票得以顺其推动而很大程度上不遭受逆向供求的挑战。当然，支撑和阻力区域所指向的方向是趋势行情得以确立的基柱。

重申一下，一轮上升趋势是以不断抬升的高点和不断抬升的低点为标志的（如图8.1），处于下降趋势的股票则以不断拉低的高点和不断拉低的低点为标志（如图8.2）。在这个定义中需要添加的是时间周期。没有时间作为参照系，趋势就是含混不清的，使人迷惑，因为股票在不同时间周期上可以同时显示出上升和下降趋势。

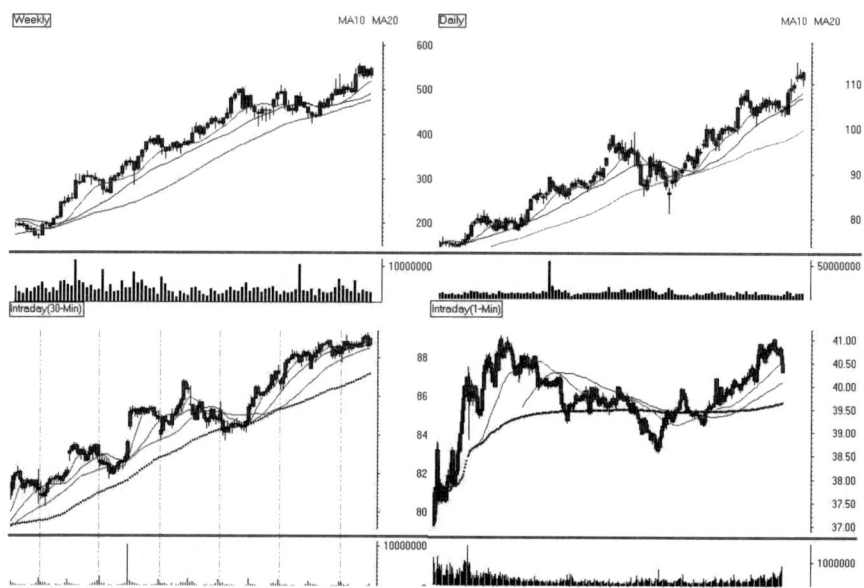

图8.1 上升趋势的股票在股价图上从象限的"左下方推高至右上方"①。无论在哪个时间周期，走势都表现为不断抬高的高点和低点。只要长期移动均线处于上扬之中，这只股票就应该被作为"无罪推定"来考虑。供图：RealTick by Townsend Analytics

作为一名长线投资者，月线和周线上的趋势与你的分析最为相关；如果你是一名日交易者，你应该关注过去一到五天的趋势。对长线投资者而言，与长线时间周期相比，一至五日的波动是无关紧要的。而另一方面，日交易高手则能在同样的短线波动中赚取高额的收益。

---

① 左上为周线图，右上为日线图，左下为30分钟分时图，右下为1分钟分时图（译者注）

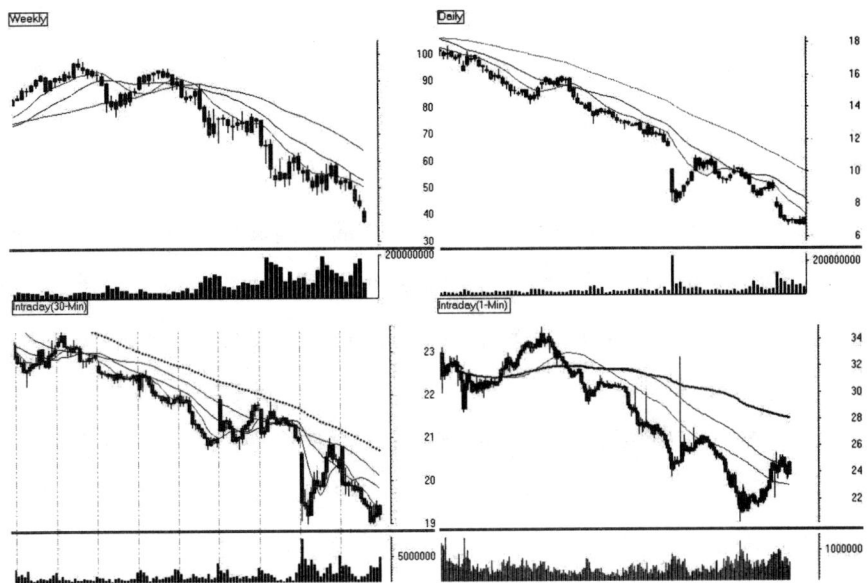

图 8.2 下降趋势的股票在股价图上从象限的左上方拉低至右下方①。下降趋势中的股票走势表现为不断拉低的高点和低点。只要长期移动均线仍处于下行之中,这只股票就应该被作为"有罪推定"来考虑。供图:RealTick by Townsend Analytics

多重时间周期上趋势的统一和巩固

然而,获利概率最大化的交易则来自多个时间周期上趋势的统一。当对趋势的方向存疑时,最好是参照下一较长时间周期上的趋势走向,原因如下:

- 长期趋势的力度最为强劲。
- 在长期时间周期背景下发生的短线调整最终将融入长期趋势所指向的方向。

---

① 左上为周线图,右上为日线图,左下为30分钟分时图,右下为1分钟分时图(译者注)

我尤为偏好的是顺从*主趋势*的方向进行交易，这样风险最低获利概率最大。对于短线交易者（1至10天），我所说的主趋势是指日线。

顺从主趋势的方向进行交易的原因只是简单的算数。*在一轮上升趋势中，上涨阶段的总和一定会大于下跌阶段的总和。*当然，短线获利回吐导致的调整和空头卖空会沿途一路发生，但是概率站在持续上升这一边。显而易见，同样的原则适用于卖空处于下降趋势中的股票，只是顺序相反：*在下降趋势中，下跌阶段的总和一定会大于上涨阶段。*

在上升和下降趋势中，你都能够通过逆趋势交易而获利，但是获利的机会较少，并且坦白地讲，承受的风险会更大。

股价对长期盘整阶段的突破（阶段一蓄势或阶段三派发）会吸引各个时间周期上的市场参与者（短线交易者和长线投资者），试图在新的一轮趋势开始时入场建仓。对长期盘整位置的突破会导致股价可持续地剧烈变动，各个时间周期上的市场参与者都争相参与到竞价过程中来。当一轮上升趋势展开，空头卖方赶着回购来平仓止损，场外资金被上升势头吸引入场，多头持有者则吝惜他们正在盈利的持仓。当新的一轮下降趋势开始，多头持有者开始恐慌抛售，空头卖方则意识到获利的机会来了，也开始卖空。顺理成章，买盘会显得缺乏，因为规避"残次品"的态度开始蔓延。

当趋势开始在长线时间周期上展开（月线或者周线），应该把它看作是在未来数周、数月甚至于数年都会带来无数交易机会的信号。一旦确立，新的一轮趋势在短线回调之后会带来与跨周期趋势一致的交易机会。回调之后入场通常是低风险参与已确立趋势的方法。在突破长期盘整位置时的成交量越大，新一轮趋势得以持续的概率就越高。伴随向上或向下突破发生的基本面变化也会增加股价持续单边变动的概率，因为会有更多的参与者会因此被吸引而至。

回调如期而至

所有趋势在发展过程中都会遭遇回调。多头在一定时点自然而然的获利回吐，长线上前期的支撑位，这些都会暂时打断趋势的行进道路。在一轮主下降趋势中，股价沉底和场外资金被"折扣价"吸引而至，导致空头卖方经受不住诱惑而回购锁定利润。类似这样的行为造成了短线的支撑和阻力，在主趋势下形成逆趋势。*逆趋势通常会融入长期趋势所指向的方向。*延续一轮趋势所需要的动能要少于趋势反转，这正是为什么短线回调很可能会融入长线时间周期上主趋势所指方向的原因。

趋势性股票倾向于先开始一波迅猛的单边走势，随后度过一段对获利和损失的消化期。*在上升趋势中，股票会对升幅进行盘整；在下降趋势中，股价在经历短线暴跌后会趋稳。*股价的突涨突跌是出于对价值的评估发生了变化。如我们在第十四章消息中要谈到的，基于市场对基本面和技术性事件的认知，股票的价值处于持续不断的重新评估之中。股票价值会一直以主趋势所指向的运动方向为参照被评估，直至遇到了能减缓趋势性运动的反方向力。因此你能越早地认识到一轮新趋势的开始，获利的空间也就越大。

股票在经历了一波上冲或跌落后进行调整的方式有两种。其一是股价逆趋势而动，这种调整方式通过"价格"进行（被称之为上升趋势中的"回调"或下降趋势中的"反弹"）。第二种消化股价单边变动的调整是通过"时间"进行。在时间调整中，股票在水平方向上窄幅波动，无明显趋势。

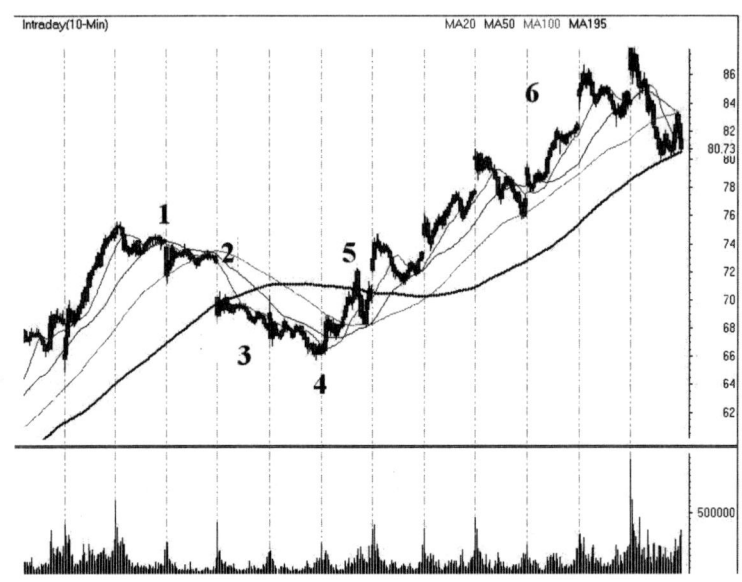

图 8.3 这只股票通过股价回调的方式对上升趋势进行调整①。供图：RealTick by Townsend Analytics

在接下来的几段篇幅中我们考察图 8.3 中的股价变动：

1. 股价最初在两天的时间里从 65 美元上涨到 76 美元。之后在 76 美元附近遭遇卖压而被迫停止了（阻力）强劲的上冲势头。阻力位通常是指一个区域，而非某个精确的价位。在这个例子中，阻力位产生在 73 美元到 76 美元之间，之后股价向下突破，卖方暂时取得控制权。当买方推进到 76 美元附近时遭遇了较沉重的卖压，在意识到该阻力位后买方放慢了买入操作。

2. 最初的获利回吐很可能使其他交易者也卖出以锁定部分利润，阻力位由于更多的多头开始卖出而得以强化。对于场外资金来说很明显股价正在遭遇进一步上升的阻力，短线空头卖方被下跌的可能所吸引，他们寄希

---

① 该图为 10 分钟分时图（译者注）

望于股价会向下突破,其卖空行为给市场带来了更大的卖压。

对于长线多头持有者来说,很明显市场上的卖压在增大,这促使他们不再那么积极主动地竞价买入。他们明智地意识到股价将会进一步回落,可以等到价格更低的时候再继续买入。多头的获利回吐、新的空头仓位的建立以及长线买方削减的需求一起逐步把控制权转移到了卖方一边,导致股价不可避免地开始下跌。

3. 当股价朝着 66 美元回落,因为担心利润会溜走,更多的卖盘随着迟到者的获利回吐也进入市场。追随势头而动的空头也加大卖空力度,而买方此时并不大乐意进场接盘,稍微买了一些股票后就到场外安全地守候着去了。

4. 最终当股价已经回落了足够的空间时就诱使早期的空头卖方开始锁定利润,他们的平仓买单帮助股价走势趋稳。随着短线获利回吐者也入场进行回购,投资价值开始显现,其他参与者也被吸引而来。长线多头开始较为积极主动地竞价买入;这也有助于为股价创造支撑。最后一批多头的恐慌性卖出变现至此终结。

5. 经过一两天对控制权的争夺,买方表现出了他们坚定的一面并且开始更为积极主动地向上攻击卖单,而不是坐等着自己的买单成交。随着又一轮上升势头的重新开始,剩余的空头也赶着回购平仓。同样,短线趋势交易者也为需求一方添砖加瓦,下单买入以便搭上这趟强势的顺风车。

6. 随着积极的卖方在这股洪流中被冲刷掉,买方的行为对股价产生了迅猛的影响,股票在接下来的六个交易日里一路高歌猛进直奔 87 美元而去。

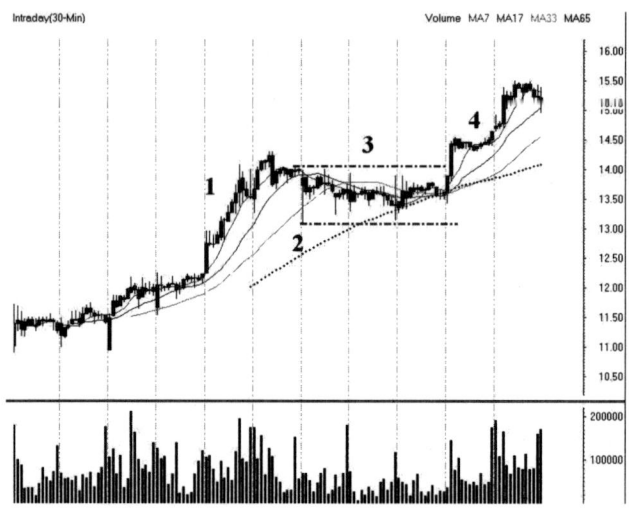

图 8.4 该图显示了一只股票如何通过时间来消化掉价格涨幅①。供图：RealTick by Townsend Analytics

股票单边突破后进行调整的另一条途径是*通过时间来对涨跌幅实施盘整*。接下来的几段篇幅通过图 8.4 中的股票来解释在时间调整的过程中会发生什么：

1. 注意从 11 美元起步快速上冲之后，买方在 14 至 14.25 美元之间遇到了卖压阻力；这使得买方开始变得较为谨慎，中断了他们积极主动的买入操作。与此同时，卖方也不愿过分地打压买入价。

2. 当卖方最终还是对股价产生了向下的压力，在 13 美元附近守候的买方迅速地吃掉了卖盘。缺乏持续下跌压力所传递出的信号使买方意识到，如果要想买入这只股票的话，他们不得不很有耐心地挂单等候，或者推高股价买入。快速上冲之后缺乏积极主动的卖压是行情看涨的信号，因为它等于通告其他市场参与者，卖方颇有耐心，在期待更高的价格才会卖

---

① 该图为 30 分钟分时图（译者注）

出变现实现他们的利润。

3. 股票上冲到 14~14.25 美元附近的短线阻力区域的次数越多，它就越有可能向上突破，因为在那一区域的卖盘已经被吃掉得差不多了。吃掉这部分卖盘花费的时间越久，买入持有者通常也就越坚定。除非股价向上暴涨，他们一般是不愿轻易卖出蓄积起来的持仓的。

当股价不能快速实现突破时，短线交易者就会感到无聊而转为交易别的股票去了。然而，长线持有者会继续耐心地吸筹并在很久之后才会打算卖出。常常也会见到有对走势持怀疑态度的人在这个区间卖空股票，他们认为"如果股票还是未能突破的话，那么长久必跌。"他们的空头仓位增加了未来潜在的买入需求。

4. 当股票最终确实向上突破了阻力位，短线趋势交易者被吸引到了这看涨的走势中来，空头们也赶着回购平仓以尽可能地减少损失。但是谁又会为这些市场参与者的买入需求提供对手盘呢？当这样的动态供求状况确立之后，股价就很可能会大幅上涨，因为两拨主动性买入需求和一拨被动性卖出对手盘的组合会造就股价快速上冲的势头。

当然，并非所有这种情况都会一直如你我所愿那样发展，这就是为什么你永远不能放松警惕。在交易中最要不得骄傲自满，务必时刻警惕各种可能性。当股票确实向上突破阻力位后，它可能继续冲高，但是冲高失败则会引发快速反转，因为它导致了大量的多头被套。要学会识别供求的这种动态变化，避免成为被套者中的一员。

趋势衰弱的证据

识别一轮新的趋势是找到低风险、高收益的趋势性交易机会的关键所在，然后同等甚至更为重要的是辨别趋势正在衰弱或即将反转的线索的能力。趋势或许在丧失动力的线索之一是递减的成交量。成交量衡量着市场参与者的信心，如果交易量在股价连续的趋势性运动中递减，它常常预示着趋势将经历一轮较深的价格回调。再次重申，采取买入或者卖出操作的唯一原因来自于价格的变动，成交量的偏差只是更进一步关注价格变动的线索。

股票从调整中重新恢复到主趋势运行方向所耗费的时间是另一个衡量买卖双方信心的指标。恢复到主趋势运行方向花费的时间越久，趋势持续下去的可能性就越小，因为它表明牛熊之间的争夺更为激烈。

趋势线

我们用来衡量趋势的另外一个工具叫作趋势线。趋势线的作用是将趋势量化。画一条趋势线看起来足够简单；就是画一条线把上升趋势中不断抬高的低点（图 8.5）或者下降趋势中不断拉低的高点（图 8.6）都连接起来。市场并不总是能让你画出一条"完美"的趋势线，画线时会有一定程度上的主观因素在里面。从实际意义上说，画趋势线的目的在于把握住"趋势的实质"而不是把趋势限定在一个严格的框架形式里。我听说的关于画趋势线最聪明的做法之一是使用蜡笔来画线，而不是尺子和铅笔。为了便于识别趋势，允许价格稍微地上下偏离出趋势线往往是必需的。

第八章 趋势

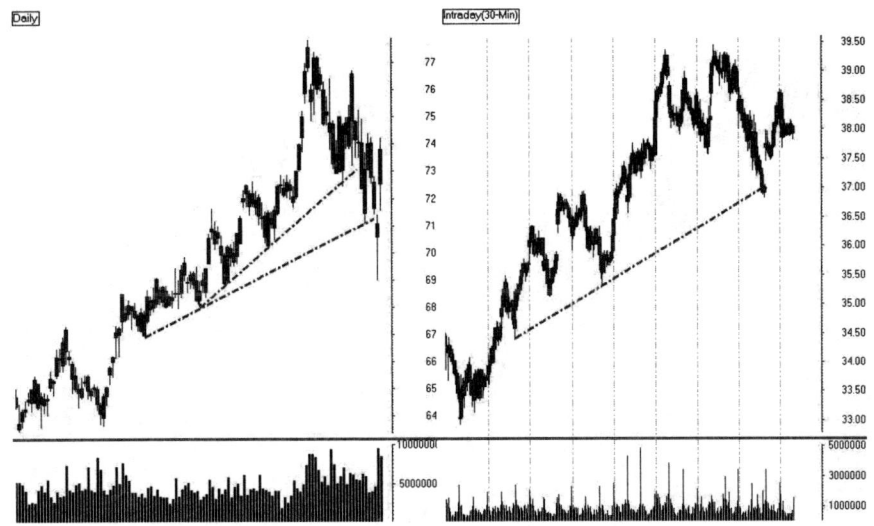

图8.5 上升趋势的加速或减速让我们必须重新划定趋势线①。跌破上升趋势线并不必然意味着一轮新的下降趋势，它或许只是上升势头在减缓而已。供图：RealTick by Townsend Analytics

尽管趋势线常常作为支撑或者阻力线，但股票触及趋势线并不构成买入或者卖出的理由，而是给了我们理由去研究股票在短线时间周期上的表现，当势头重新回到主趋势指向的方向上时寻找可能的低风险入场机会。

正如市场上任何支撑和阻力位一样，趋势线在经历每次考验后都会弱化，通常第四次考验对趋势而言是致命的。尽管有些自相矛盾，但当任何事情对大部分市场参与者变得越显而易见时，它失效的概率也就越大。

---

① 左图为日线图，右图为30分钟分时图（译者注）

多周期技术分析——了解市场结构，跟随趋势盈利

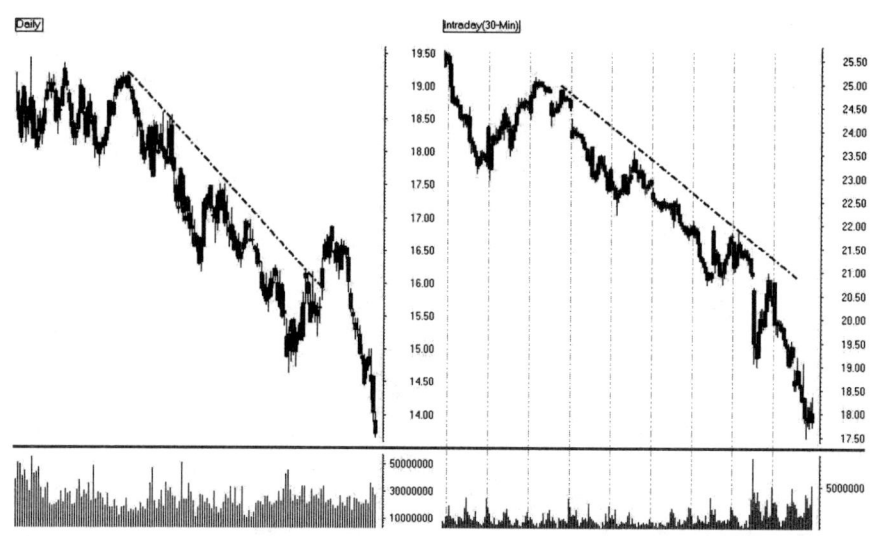

图8.6 趋势线会指明一段时期的趋势，但对下降趋势线的突破并不总是意味着反转①。供图：RealTick by Townsend Analytics

突破趋势线有时确实传递出趋势结束的信号；然而它并不确保反转将发生。应当认真对待趋势线的突破，但是它通常只是意味着*变动的速度已经减缓*，股票将很可能经历一段时间的调整。这或许是一个很好的市场向较为中性的交易环境转化的警示，对这只股票应该采取较为防御性的策略。也有许多时候股票会跌破趋势线并在其下方停留上一至两天，然后又重新回到主趋势指向的方向。突破趋势线后走势又发生回转的这种情况会来得很突然，像任何失败的突破一样，这会带来极好的短线交易机会。

颇为奇怪的是，一些最为强劲的趋势性走势发生在一轮趋势的结尾附近。长时间持续走高的股票给买家们留下"防弹"的印象。关于它的新闻报道通常也是正面的。随着人们越来越不愿意卖出，累积了巨大亏损的空头们只好在追逐市面上仅存的一些股票中继续推高股价。趋势后期一波迅猛的上冲不可避免地搅动着人们的情绪，*当市场上群情激昂的时候，大幅*

---

① 左图为日线图，右图为30分钟分时图（译者注）

震荡通常也为期不远了。 随着买家们进一步把股价推高到前所未有的水平,一波巨大的卖盘出乎所有人意料地被抛进市场,牢牢地套住了多头们,他们就好像在哗地打开的汽车大灯前颤抖的小鹿。随着抛压继续有增无减,不知所措的多头们被恐惧麻痹。他们的股票拒绝再次弹起,他们的损失与日俱增。反弹无望,这些多头持有者们在股价的持续走低中逐渐变成了犹豫不定的卖方。

第九章 成交量

人们有时候会质疑，如果说市场上的每一笔交易都有买方和卖方，那股价为什么还会发生变动？从某种意义上说，这种想法确实有道理。股价的变动是由于在某个时点上供给和需求的不平衡引起的。市场是由无数个参与者构成的，他们都以获利为动机进行买卖交易。怀揣着不同程度的贪婪和恐惧，受数不清的分析技术指导，市场参与者们在不同时点各自采取着行动。

如我们在第七章所看到的，在一个竞价市场上供给和需求是非弹性的。如果你等到一个更高的价格时再买入，你的多头交易成功的概率或许会更大。对一个有过为买东西而讨价还价经历的人来说，这似乎是违背直觉的。理解这个概念需要了解势头是如何发挥作用的。如果每一个人都以同样的方式评估股票价值，那成交价格就会是一个常数，这就好比买一双鞋子。但是当存在着金钱上获利或者亏损的可能时，市场就会带来——甚至于放大——许多情绪，这些情绪在买一双鞋子的时候是不会有的。在市场上，正是成交量帮助我们了解这些情绪的强烈程度。

在股价图上，成交量是我们在价格之外的第一个研究对象。明确一下，成交量仅次于价格，位居第二；它就是那么重要。成交量在图中以垂直的柱状表示，位于正上方的价格信息之下。每一格量柱代表形成它上方价格K线的时期内换手的总股数。

掌握如何正确地诠释股价和成交量之间的关系能够使我们更准确地评估市场参与者的介入程度。成交量通过许多种方式给我们提供线索：

- 一般而言，与价格纯粹的元和角相比，成交量让我们从更为主观的角度来理解价格变动的意义。

- 成交量有助于我们深入了解市场心理，使我们能够衡量所研究的市场上参与者情绪的强烈程度。

- 成交量能帮助我们确定市场在近期存在着价格变动的可能。

- 成交量为价格分析增加了一个维度，它可以被用来确认价格变动，或者说可以对价格走势难以为继发出警示信号。

股票的成交量越大，其流动性也越高（变现能力），这意味着与流动性较低的股票相比，买卖这只股票更容易达成交易。市场持续不断地在每一个价位上创造出成交量，价格或者走高或者走低来为供给/需求寻找能满足它们的对手盘。

第九章 成交量

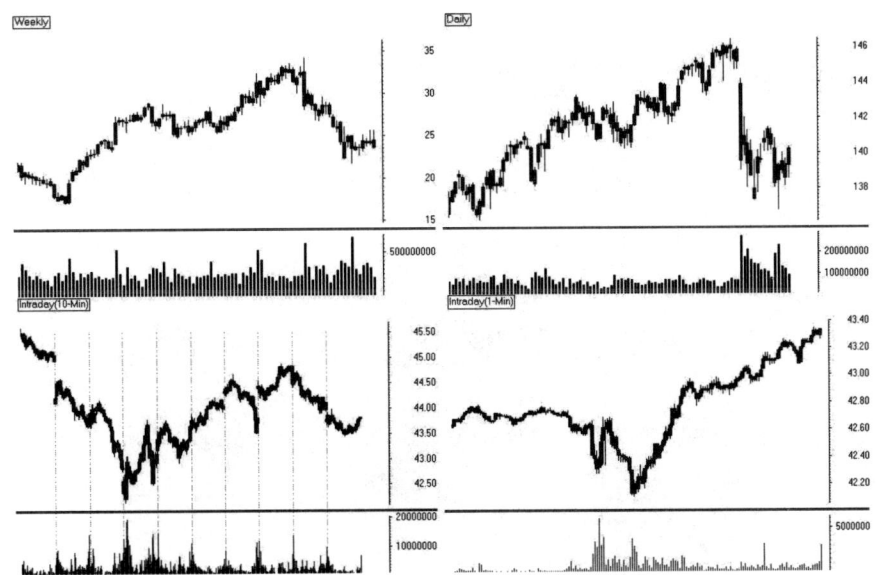

图9.1 成交量在价格信息的正下方显示①。它表示在其正上方的期间内成交的股数。供图：RealTick by Townsend Analytics

　　股票的流动性是有多少股数发生换手的一个相对衡量指标。有些股票一整天只能交易可怜的五万股，而另外一些市场上的热门股票一天能交易几千万甚至上亿股。

　　衡量流动性时的重要考虑因素不仅是股票变现的难易程度，还包括变现交易会对股价造成怎样的冲击。当它给交易带来不必要的费用时，市场冲击成本是一个负面因素。但它也能成为正面因素。机构有时会通过对一只股票施加大量的买压或卖压来试图诱导（操控）买家或卖家。如果机构能够准确地预料到他们的这一行为能对市场造成的冲击，那么这会沿着"操控"的方向诱发股价保持持续的势头。

---

① 左上为周线图，右上为日线图，左下为10分钟分时图，右下为1分钟分时图（译者注）

是的，你的挂单也能影响股价

在一只股票上建仓或者清仓可以有很多种方法；其中最常见的两种方法是"限价单"和"市价单"。

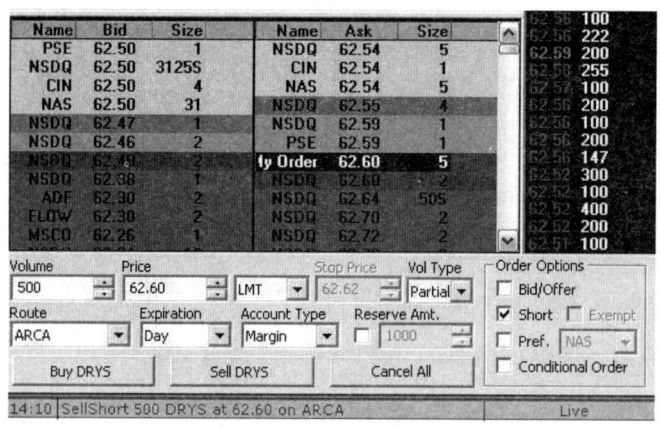

图 9.2　Level-2 二级行情可以使你在左边的买盘挂单和右边的卖盘挂单看到流动性的深度。黑色加重标注的挂单是在 62.60 美元卖空 500 股股票。这是一个限价单，从屏幕最右边的实时成交明细可以看到市场成交价正在远离该限价。供图：RealTick by Townsend Analytics

限价单。限价单使你可以控制（设定限制）你的买卖将要成交的价格。假设一只股票当前的买入价在 35.65 美元，卖出价在 35.70 美元，你选择在 35.67 美元下单买入 1000 股。当这个限价单挂出时，你的买单将是卖方可得的最高价格。通过这笔交易，你就给市场"注入了流动性"，因为你的买单给市场交易增加了一个新的价位。限价单被认为是"被动"挂单，因为它并不直接导致价格变动，而只是挂出在那等着流动性主动上门来成交。然而，使用限价单的风险是也许没有人会愿意在你刚挂出的买单价格上把股票卖给你。如果股价就此绝尘而去，你的限价买单就会被遗落在尘土中无法成交。

市价单。市价单不同于限价单,它的首要目的是立即成交而几乎不考虑成交价格。市价单被认为是主动挂单,因为它从市场中"抽走了流动性"。假设你想从市场上购买1000股的XYX股票,你的这笔交易也许能立即对股价产生重大冲击,尤其是当你买入的数量超过了同一个价位上所有的卖单。如果你1000股的买单需求大于目前卖出报价上的市场供应量,你的市价买单将继续推高股价直至全部获得执行。

市价单的吸引力在于其执行的速度,但缺点是可能引发的市场冲击成本:

- 对于有着流动性深水池的股票(被称之为"厚股"),1000股的市价单一般不会对买单执行的质量造成负面影响,但是5万股的市价单就可能会对你买单的成交价格造成重大的负面影响。

- 缺乏流动性的股票被称之为"薄股",因为在每个价位上都仅有少量的成交。在成交清淡的股票上使用市价买单是危险的,由于你缺乏耐心的买单可能会把股价暂时推高;这样你将在一个不利的价位上获得该股。相比等候股价自己接近报价而成交的限价单,市价单为了立即得到执行而导致的额外成本常被称之为"滑价"。精明的交易者会把滑价成本控制在最低。

主动/被动挂单的组合。另有一种可能的方法是挂单一开始为主动性挂单,剩余未得到执行的部分转为被动性挂单。用同样的买入1000股XYZ股票作例子,如果你输入一个限价单在35.70美元的价格买入这只股票。你的买单仍将把股价推高,但是仅到一个指定的价位。由于买入价格被限制在35.70美元,你的买单将被执行掉300股,买单剩余的部分就在35.70美元的价格上成了市场上的最高买入报价。你在35.70美元买入700股的报价成了卖方可得的最优市场报价,但在主动向上攻击吃掉起初的

300股后，就这剩余的部分买单而言你就成了被动买方。

此处的目的不是教你各种不同类型的挂单，你很可能已经了解了这些基础的东西，而是要表明即便是一笔小的买入或者卖出交易也能影响到股票的价格。挂单的大小和来自各个时间周期上的市场参与者各不相同，会一起对定价产生巨大的冲击，这就是为什么成交量是市场谜团中如此重要的一环。它能表明市场参与者动机的强弱和买方卖方的迫切程度。对成交量的研究使我们能够洞悉市场参与者情绪的高低水平。

还应指出的是在市场中注入或者抽走流动性会被大多数的ECNs① 给予货币上的奖励或者惩罚，例如Archipelago交易所（简称ARCA，被纽约证券交易所收购）。顺便提一下，目前在美国有超过55个股票交易场所，它们有着许多仍在与日俱增的交易暗池（挂单并不对外公开）。市场在本土和海外都在变得更加分割化。

为了吸引流动性到自己的报价网络，ECNs对抽走流动性的挂单加收定价费用，对注入流动性的挂单给予折扣。举一个假设的例子，ECN可能会对抽走流动性的挂单加收每股＄0.005的费用，而对增加流动性的挂单给予每股＄0.003的折扣。你会发现这种情况下ECN总是会稳赚不赔，因为任何价格变动的发生都会使流动性被抽走。有些券商公司会收取一个固定的ECN费（比方说每股＄0.006），无论挂单是增加还是减少流动性。当公司向客户收取的费用大于该费用的真实成本时，其结果就是一个以不知情的客户为代价的隐藏的（我个人观点认为是不道德的）利润中心。

核查下你的账户确定你没有因支付额外的ECN费而被宰。要是你大部分的挂单都是限价单的话，确认你会收到这笔折扣。如果你要求券商把折

---

① Electronic Communications Networks 的缩写，指电子化通信网络交易平台（译者注）

扣打到你账户里的话,他们一般会这么做的,但是别期望他们会主动打电话来告诉你有这事儿。

价格和成交量:二者的关系

理解了我们每一个人的交易量会如何影响到价格,接下来让我们看看整个森林:如何解释价格变动和成交活跃水平这两者之间的关系?合理的分析能够确认或者否定股价运动方向偏离率的有效性,找到趋势扩张或者收缩的潜在时机。

在一个给定时点,成交量是衡量市场参与者介入程度的最好指标。放量(相对于日常交易期)表明投资者高涨的情绪在控制市场行情,而缩量盘整区域则代表自满的情绪期。如果你具备合理化纪律性的交易思维模式,迅猛的情绪化市场行情是非常有利可图的,但它同时也是把双刃剑,给缺乏纪律性的交易者造成的伤痕要比潜在的回报更深。

在上升趋势中,我们目睹了多头的贪婪伴随着他们对盈利的渴望和自信心的膨胀而与日俱增。与此同时,空头卖方充斥着恐惧感,一边在回购中推高股价一边害怕他们的投资会因为股价上涨而血本无归。他们的回购行为实际上更扩大了他们一直在避免的升势。

当多头持仓者开始被盈利蒸发的恐惧所笼罩时,空头一方却恰恰相反,这些熊们面对唾手可得的盈利机会正垂涎欲滴,他们变得愈发的贪婪,把成堆的卖盘抛进市场试图吓退多头让他们恐慌抛售。

阶段 2 上升趋势:需要关注什么

随着股价向上抬升寻找卖盘,处于阶段 2 上升趋势的股票通常会表现出不断增加的成交量,而当股票进行短线调整(包括价格回调和时间调整）时，成交量则会萎缩。股票上涨放量一般被认为是牛市的信号，因为这表明买方随着股价的上涨更为积极主动地入场买进。股价回调时的缩量表明卖方并没有足够的动力在这时候离场，下跌缩量意味着买方能够较容易地迅速重新获得上手优势，股价恢复上涨势头的概率很大。这让上涨中缩量回调的股票成为多头建仓的优秀候选目标。

确认但是不要犹豫。虽然成交量是市场参与者介入程度的一个很好的确认因素，但是不要等到量能上来后再入场。唯一能够告知我们何时买入的是价格变动。如果你跟踪的一支具备上涨潜力的股票突破了看上去很关键的阻力位，只要在观察期间该股的成交量至少达到了"日常"水平的话，你就应该买入。

新手常常犯下等待量能上来时才入场的错误。不幸的是，他们所期待的能够触发买单的成交量在股票已经经历了一段颇具规模的上涨之后才会姗姗来迟。*成交量被用来确认或者否定价格的方向性变动，而不是一个对把握时机有用的信号。*

如果股票无量（相对于近期的成交）突破了阻力位，就应该密切关注突破可能会失败。然而要注意成交量通常会伴随股价上涨而同时增加，因为更多的多头将对他们的买入操作变得更有信心，而空头逐渐开始恐慌回购。典型的模式是当买方向上寻求卖盘供给，市场成交会日趋活跃，直到股价遭遇到了沉重的卖压，买方再也不能继续向上推高股价了。当股票丧失了上升势头而成交却依然密集时，股票开始"和稀泥"（意思是指缺乏明确方向感的放量震荡）。*放量滞涨意味着派发。*如果巨大的成交量不能继续推进股价，合理的下一步行动是对可能到来的反转迹象保持高度警惕。

第九章 成交量

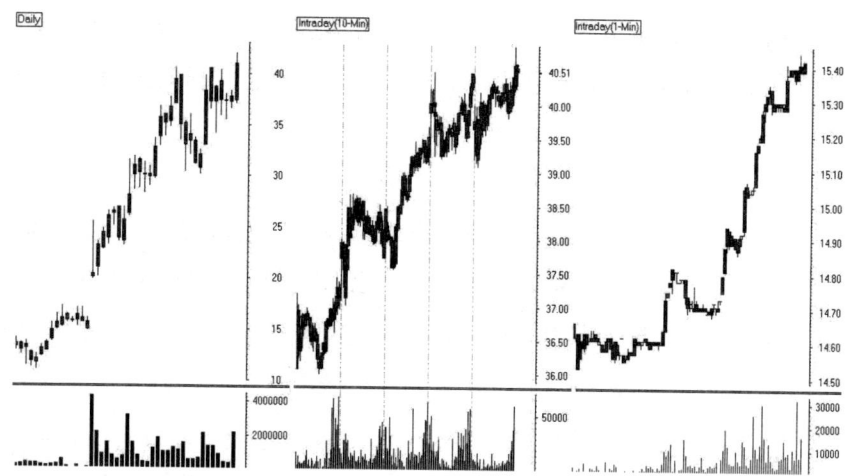

图9.3 上升趋势的股票表现出上涨放量回调缩量的形态①。请注意最为密集的成交一般出现在一波短线上冲的末期。供图：RealTick by Townsend Analytics

放量突破支撑或阻力位通常会启动一波相当持久的行情。在趋势性走势已经进行了一段时间之后出现的放量往往意味着一股强有力的反作用力已经进入市场，趋势或许已经到了力竭的阶段。一段行情展开之后出现的放量表明市场上多头和空头都情绪高涨；这一般是行情出现转折的先兆。

即便你是一个与生俱来的技术分析高手，对于消息发布后的成交量依然要慎之又慎地保持更高的警惕性。新闻报道往往会在大幅上涨之后诱使最情绪化的市场参与者进场。一旦"最蠢钝的资金"都已经在场内，剩下的还有谁会买入呢？

当量能无法确认价格走势有效时，这常常意味着势头的减缓甚至反转有即将到来的可能。相比股票上涨时放出的量能，回调缩量的典型形态表明多头们并不恐惧，市场潜在的强势仍将股票置于买方的控制之下。然而

---

① 左图为日线图，中间为10分钟分时图，右图为1分钟分时图（译者注）

如果回调的量能甚至超过了上涨时的成交量，这或许就表明大批的市场参与者在匆忙退出这只股票，因为他们对股价保持单边上扬的预期已经变得渺茫了。

如果股价顺来路折返放量下行，应该尽快退出这只股票，即便有新的反弹出现，还是应当以怀疑的目光来看待它。对上涨时伴随的缩量也要谨慎地对待；因为如果买方的信心不足的话，反转让毫无防备的交易者蒙受损失的可能性就更大。

阶段4 下降趋势

处于阶段4下降趋势的股票会表现出与上升趋势的股票相类似的量能特征。相似性表现在走势与趋势同方向时的放量和逆趋势反弹时的缩量。下降趋势的成交量时常被交易者们误读，当股票刚开始下跌时，因为该股"下跌无量"，他们并未及时退出。

股票下跌放量还是缩量并不是关注的要点。在股票下跌时还继续持有它对趋势交易者来说是不明智的。*股票在仅仅是因为缺乏市场需求但具备适中的市场供给时仍能遭受猛烈的下跌。股价下跌是因为没有买家，它会一直跌到能够吸引买盘入场的价位。*

无量下跌对处于阶段2的股票来说是健康的，但当股票处于阶段4时，如果多头还用它为继续持有做辩解的话，形势就相当危险了。你愿意在放量时还是缩量时赔$10000（或者任何其他金额）？这个问题看起来很傻，对吧？无论成交量大小，赔钱都不是好事，价格持续走低，你就不应该再继续持有。不要被分析师或者公司总裁那些安抚的话所蒙蔽。正在卖出其持仓的市场参与者群体所共同发出的声音是你唯一需要去聆听的，因为它就是*市场*。

第九章 成交量

股票在成交清淡中开始下跌之旅的情况相当常见，因为市场上已经没有什么人在买进了，卖出的也只有少数几家。股价向下突破时，贪婪的欲望开始在空头卖方的血液中沸腾，恐惧情绪则笼罩着多头。当市场上的情绪化开始加剧，交易量也会随之增加。空头卖方察觉到多头表现出的脆弱，开始在更低的价位上向市场抛出空单，希望进一步培育起多头的恐慌情绪。以清淡成交开始的下跌发展成了惨烈的抛售狂潮，成交量这下真的开始增加了。交易量沿着主跌趋势的方向放大，更多的交易者和投资者不得不放弃仅存的上涨希望开始在沮丧中卖出。

在股价下跌的一段时间之后，沮丧情绪开始变为嫌恶，一起导致巨量的事件（常常由消息驱使）会把最后一批固执的多头震出，空头卖方则冲进场进行回购平仓。巨量通常发生在股票发生转折的附近，因为放量而不继续下行是开始蓄势阶段的标志。

在阶段四下行的大背景下，与近期下跌的量相比发生短线上涨通常是无量的。股票经历了一波快速的抛售后，常常会有短线上涨（或反弹）发生。如果下降趋势依然，股票仍保持弱势，反弹上涨将会低于上次反弹的高度，高点被再次拉低。反弹无量表明买方依然缺乏动机，股价还没有达到能让足够多的市场参与者感觉到有投资价值的水平，这就不足以把他们变为积极的买方进场，也不足以改变下降趋势。

而且，下降趋势中的无量反弹使得股票成为做空的很好的候选目标，因为不论是近期的买入者还是长线持仓者，情绪中都还带有高度的焦虑感——恐怕止跌回升不会那么快到来。如果股票反弹放量甚至超过了它下跌时的量能，这也许意味着趋势方向的改变，该股就应该从做空目标中被划掉。

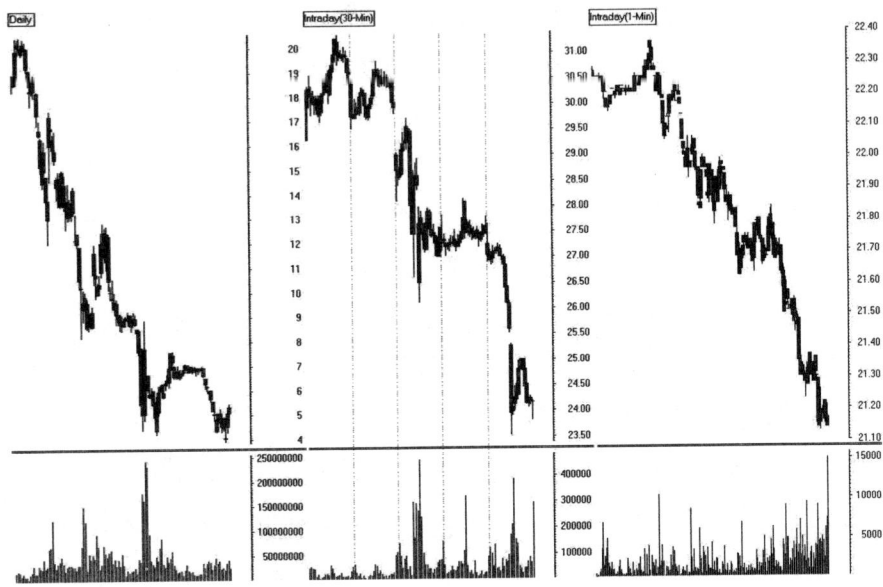

图 9.4 下降趋势中的股票表现出下跌放量反弹缩量的形态（量能在短线低点附近放到最大）①。供图：RealTick by Townsend Analytics

阶段 1 和阶段 3

在中性的阶段 1 和阶段 3 对成交量的研究能告诉我们什么呢？量能形态在这两个阶段对趋势交易者的价值不大，只是有一些一般意义上的特征需要知道。

当股价只有一些小幅的震荡时，人们对交易这只股票就没什么兴趣；此阶段成交的清淡只是进一步表明了方向性行情的缺乏。需要对中性阶段股票成交量进行关注的时点是当股价接近重要的支撑或阻力位时放出了巨量。量能反常的放大往往预示着股价振幅的扩大，从小幅震荡的位置起步放量突破支撑或阻力位通常会启动一轮壮观的趋势性行情。股票在盘整阶段花费的时间会放大一轮新趋势的规模，在中性阶段停留的时间越长会蓄

---

① 左图为日线图，中间为 30 分钟分时图，右图为 1 分钟分时图（译者注）

积起越大的动能,一旦股价爆发,走势通常会更加强劲。

成交量:总是排在价格之后

　　成交量分析能给我们提供有关市场上买方和卖方信心的重要信息,但是要记住的是成交量分析总是排在价格分析之后,因为当尘埃落定时,股价是唯一会带来收益的东西。

　　许多时候当股票以低于平均成交的量能上涨时,有不少市场参与者因为担心无量上涨不能持久而不相信走势,因此错过了行情。买入卖出决策应当首先建立在价格走势的基础上。如果成交量未能如你预期地那样沿趋势所指的方向放大,应考虑卖出部分仓位以降低风险,并为剩余部分设置好止损单。无论如何,*不要出于成交量的考虑逆势而动*。成交量常常随价格而后动,因为会有越来越多的市场参与者被逐渐浮现的趋势行情所吸引而进场,逆势而动的代价是非常沉重的。

　　要了解股票沿着主趋势方向运动时的放量与进行逆趋势调整时的缩量二者之间健康的关联。这种关系说明了市场参与者对主趋势所指向的方向的坚定性和随之而来的盘整阶段所表现出的反向力的缺乏。这样的量能关系增加了趋势继续下去的可能性。

　　还要知道即便是对日均交易量达到数百万股的股票而言,其流动性也不会是一个常量。股票的流动性受一长串因素的影响,例如一年当中的不同时期,一天当中的不同时点,公司性事件发生前后比如发布财报、新产品的研发进展,当然还包括技术性事件比如股价突破某个关键的支撑或阻力位。在正常交易时间(东部标准时间上午9:30至下午4点)之外发生的交易量一般波动会非常之大,最好把它们留给那些最有经验和纪律性的交易者去考虑吧。

在一年之中成交清淡的时期,并不必然如有些人相信的那样要避免入市。我所中意的交易时期之一便是年底的最后两个星期,这时市场似乎变得更加可预测了,因为没有了那些大的程序化交易的干扰,投机性较强的一些股票的走势似乎不再受到抑制而开始自由发挥。一定要了解那些影响市场整体流动性的因素以及更重要的——你正在交易的那些股票,把你的挂单对市场造成的冲击降到最低。

成交量加权平均价格(VWAP)

人们常常好奇为什么成交量在每个交易日的中午时分会下降得如此厉害①。对午市不活跃的最常见解释是因为那是在午饭时间。的确这是部分原因,但并不是说交易商和做市商们中午全都会溜出去喝上几杯把今天的生意都抛之脑后了。我所认识的最严肃认真的交易员往往在办公桌上吃午餐,这样他们就不会错失良机并且也能对他们持仓的交易情况保持一个较好的感觉。

假设有个做市商负责执行机构客户一百万股的日买单,他不能在交易日开始的头两个小时就把买单全部执行完毕然后离开办公室去打高尔夫球。客户会通过交易执行的质量来考核做市商。

最常用的分析交易执行质量的方法是对比订单的执行价格和市场成交量加权平均价格(VWAP)。成交量加权平均价格的计算方法是用一段给定交易时间里的成交金额除以成交股数得出。简单来讲,VWAP 就是在给定交易时间里每股股票成交的平均价格。在我使用的分析交易软件 RealTick 里有几种计算成交量加权平均价格的方法。我更喜欢 VWAP 移动平均线分析,尤其喜欢短线交易时在我所交易的股票的日线分时图上使用(见图9.5)。

---

① 美国股市中午是不休市的,交易日中间不中断交易(译者注)

第九章 成交量

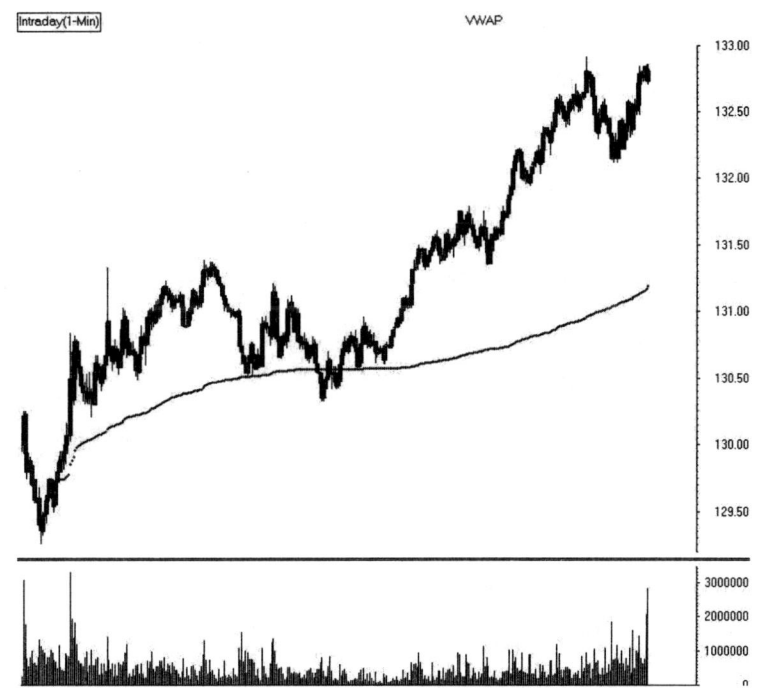

图9.5 该股的1分钟分时图显示成交量加权平均价格在一天之中的大部分时间都处于不断上升之中（以上扬的移动平均线为代表），这表明买方占据着主导地位①。供图：RealTick by Townsend Analytics

成交量加权平均价格被认为是衡量机构交易部为客户执行交易能力的一个公允的参照系。如果收取佣金的买单执行价格低于成交量加权平均价格，交易部门就会被评定为工作业绩出色。如果支付的买入价高于成交量加权平均价格，就可能会失去这个客户。日成交量加权平均价格随着交易日中订单在不同价格成交而不断变化。

下面是一个机构交易员手动执行一笔100万股的买单例子：

上午。假设这只股票昨日的收盘价是每股＄40。券商在早上接到了这

---

① 该图为1分钟分时图（译者注）

笔买单；他可能会先在39.90美元挂出5000或者10000股的卖单，与此同时在更低的价格上挂出买单。券商也许会使用的第一个花招是一笔就挂出整个卖单，但是每笔买单只挂100股，换句话说，把更多的股数作为"储备"。这样也许它实际的挂单买入量，比方说，仅为5000股。通过在盘前亮出大笔的卖单和少量的买单，券商或许就能利用较为弱势持仓者出于对真正大卖家一大早上来就大手笔卖出的恐惧诱使他们卖出自己的股份。这种行为是纯粹的市场操纵，而且它一直都在发生！

要是该股票经纪成功地在开盘时就制造出这么一场小规模恐慌，他或许能在这个交易日的早期就以非常有利的价格狂扫入几十万股的股票。当然，这么做的风险就是别的买家也许会识破他的伎俩，吃掉他在市场上挂出的10000股卖单。如果这确实发生了，这位做市商就在这只股票上持有了10000股的空头仓位，他还不得不在当天完成在这只股票上100万股的买单。以上两种情况都有可能发生。

如果这位做市商能够在中午前确保买单中的60万股得以执行，那么他下午完成剩余买单的任务就轻松多了，尤其是当这60万股的买入价格与截至当天这个时点的成交量加权平均价格相比更低的话。既然买单的大部分都已执行完毕，该做市商就能承受得起从市场上把挂出的买单全部撤掉或者停止向上主动攻击（买入）卖盘挂单。市场上买盘一下子减少会给市场造成买家或许已经收手的假象，这常常将引发其他（弱势）多头持仓者卖出变现；这会给供求关系造成进一步的压力。

伴随这种营造出来的买方需求减少的氛围，做市商仍将挂单买入，但是与之前相比，会更为频繁地降低买入报价。这一举动会创造出更为有利的买入环境，帮助做市商进一步降低买入的平均成本，这或许意味着他在月底将收到一个更大的红包！

当一天慢慢过去。 在中午交易清淡的时候，做市商又执行了买单中的

15 万股,下午他只需要再买入剩下的 25 万股就行了。随着一天的时间慢慢过去,完成全部买单的压力渐渐增加,做市商在买入时可能会变得更加积极主动,因为他想完成全部的买单。意识到由于上午的买单成交价格相当的有利,他很可能会以比市场全天成交量加权平均价格低得多的买入价格完成整个买单。

以上这个假设的场景每天都在以各种不同形式通过不同的机构在无数的股票身上上演。

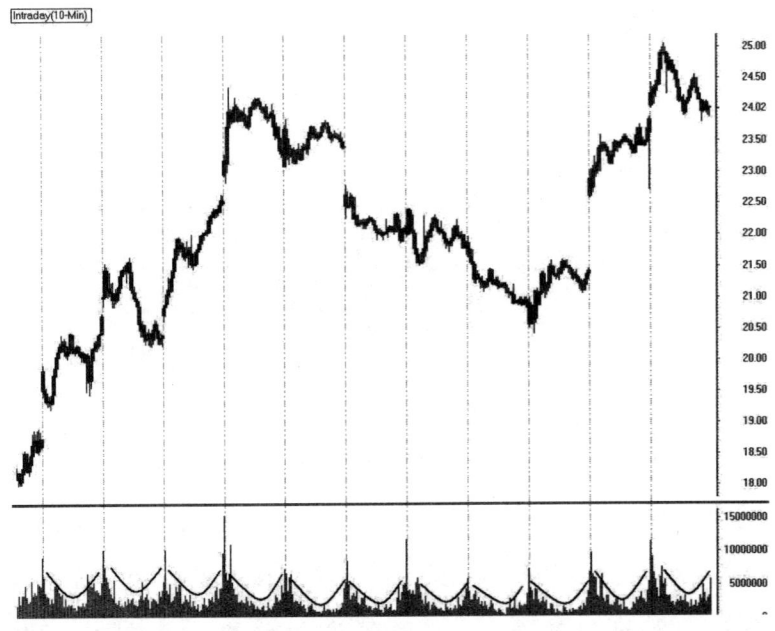

图9.6 图中 U 形的成交量形态通过以 VWAP 为基础的交易执行算法的使用得到自我强化①。供图:RealTick by Townsend Analytics

如今越来越多的机构订单是借助复杂的运算法则的协助来执行的,其中很大比例的算法交易建立在成交量加权平均价格的基础上。为了避免完

---

① 该图为 10 分钟分时图(译者注)

全依赖于有才干的交易员进行交易，券商以及他们愈来愈多的买方客户们创造了交易执行运算法则，试图获取更为有利的交易定价。成交量的 U 形态（见图 9.6 和图 9.7）通过其中一些交易运算法则得以自我强化，这是因为在这些运算法则的构成中，重要的变量之一就是在一天当中订单既能较好地得到执行同时对市场造成的冲击又最小的时段完成一定比例的订单量。

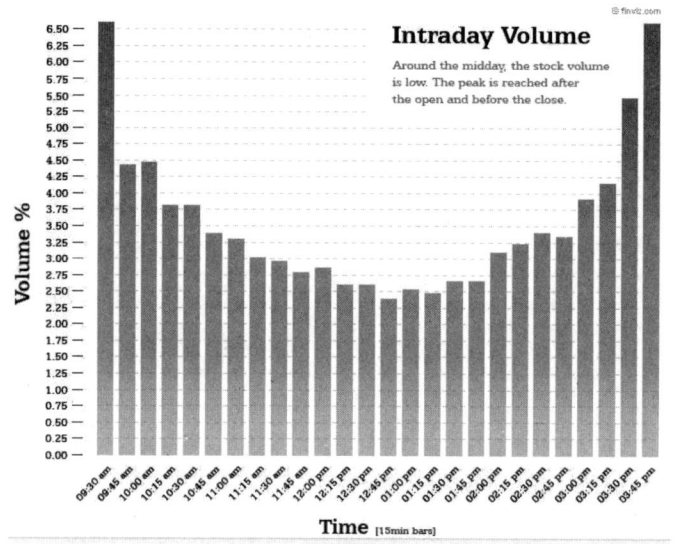

图 9.7　该图显示了在一个正常的交易日内，标准普尔 500 指数（S&P 500）成分股在 15 分钟分时区间上的成交量分布①。中午前后的成交量较小，成交的高峰发生在开盘后和收盘前。供图：http://www.finviz.com

由于成交量加权平均价格对大多数的市场参与者来说都是如此重要的一个数据，每一位希望站在市场正确一边的参与者都必须熟悉它。

---

①　横轴代表时间，纵轴代表成交百分比（译者注）

第十章 移动平均线

我们已经明确了除了价格，成交量是帮助我们衡量趋势的最重要的研究对象。接下来让我们把移动平均线也加入到研究对象中去，虽然不会给予它太显著的地位。

移动平均线被添加到股价图中是为了让我们清楚地识别趋势，让价格的变动对我们来说更有意义。移动均线只是在一段给定时间期间内的平均价格，该平均价格由于时间推移的同时过时数据被近期数据取代而处于变动之中。它是一条数学角度上的趋势线，使波动不定的价格数据变得平缓并能使人清晰地看到在其所关注的时间段内谁在控制着趋势。

移动平均的计算存在着许多种变形，例如使用高点、低点、中位数、成交量加权平均价格或是一些其他的计算方法。本书每个例子中使用的移动平均线都是根据收盘价计算出来的。由于我们并不打算把移动平均线作为一个交易系统来考察，那么使用简单平均还是指数平均都是无关紧要的。关于这二者哪个更好有过许多争议，但是因为我们只是把移动平均线作为比较股价的一个参照系——并非作为一个交易系统——来使用，二者中的哪一个都不会有额外的优势。

简单的算数

计算简单移动平均的方法是把选中天数的日收盘价加起来然后用总和除以天数。例如，要计算 5 日移动平均的话，只需要把过去五个交易日的收盘价加总然后除以五就可以了。为了给数值加入移动这一特性，每天新的收盘价出来后就把它和之前四个交易日的收盘价加总后求均值。这样随着每一天收盘，最旧的数据就从计算中被剔除出去，以最新的收盘价替代，计算均值的权数依然保持不变。

简单移动平均给每一个数据分配了相等的权数；在 5 日移动平均中，每一天的收盘价都会对移动平均价位有 20% 的影响。移动平均可以在任何时间周期上计算和显示，从最短的日线分时图一直到月线图甚至年线图。

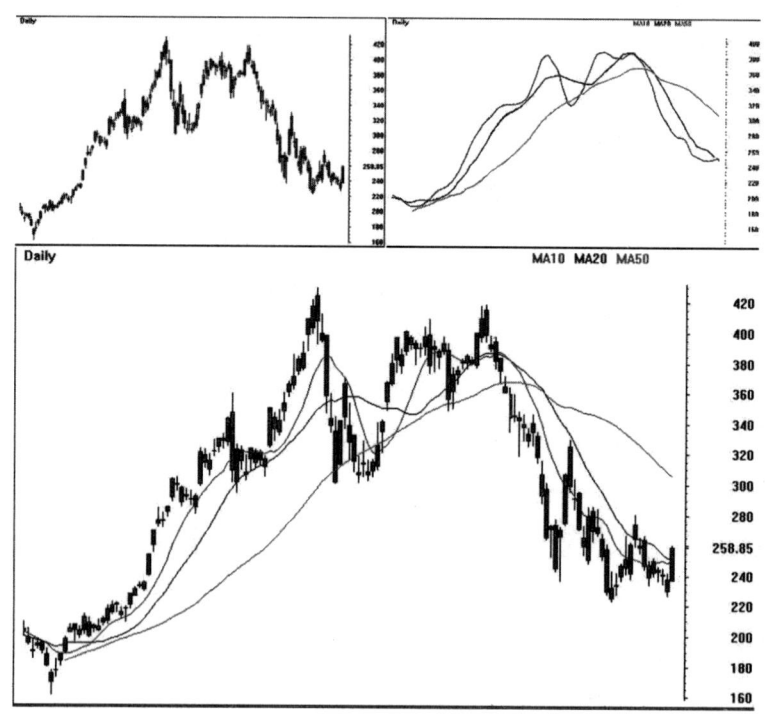

图 10.1 左上图只单独显示了价格数据，右上图只显示了 10 日、20

日和 50 日移动平均线。把二者结合在一起显示，使我们能更容易地识别趋势特征。这三条移动平均线近似代表该股票的短期、中期和长期趋势。供图：RealTick by Townsend Analytics

移动平均的计算中使用的交易数据是已经发生的、事后的，因此它被划分为"滞后指标"。这常常是对它的价值进行批评的基础，论据是由于移动平均滞后于价格走势，因此它几乎没有预测能力。坦白地讲，这是一个似是而非的论调，因为我们的目的并不是把它当作一个预测工具来使用，而是作为一个视觉上的参照系来与股价作比对，目的是为了更好地识别趋势和市场结构。

移动平均线是股价图上最为常见的技术指标，这是由于它在展示趋势上简单易行。移动平均线的用处在于它可以使时常起伏不定的价格走势变得平缓以降低市场"噪音"，这样我们就可以更加简易客观地识别趋势。从本质上讲，移动平均线以一个时间常量为基础给了我们一个客观的、视觉化的参照系来与股价做比对。使用时间常量可以让我们更容易地觉察到反常交易或者帮助我们确定股票是否在"按它应该的那样"行事。

移动平均线的分析技术可以同样应用到任何市场和任何时间周期上。注意因为在任何给定的时间周期上都存在着主要趋势和次要趋势，通常会使用不止一条移动均线。我更喜欢在我关注的每个时间周期上使用三条不同的移动平均线，分别代表短期、中期和长期趋势。

虽然移动平均线很可能是辅助我们识别趋势的最好的技术分析工具，但许多市场参与者对它使用不当或者抱有过高的期望值。正如我一次次反复重申的，任何买入或卖出决策最终都取决于价格走势。成交量和移动平均线在决策过程中会起到帮助作用，但是对它们的过度依赖会阻塞基于价格走势做出的出色决策。

我也不鼓励把移动平均线作为交易系统来使用。移动平均线的交织（当短期移动均线上穿或者下穿长期移动均线时）是许多交易系统的基础。移动均线的交织实际上是市场犹豫不决的表现，与移动均线表现出趋势性走势时应该采取的行动相反，此刻应该是离场等候的时候（如图 10.2）。如果你的兴趣在于开发出一套移动均线交易系统的话，可以考虑增加对支撑或者阻力位的突破指标从而进行进一步的过滤。

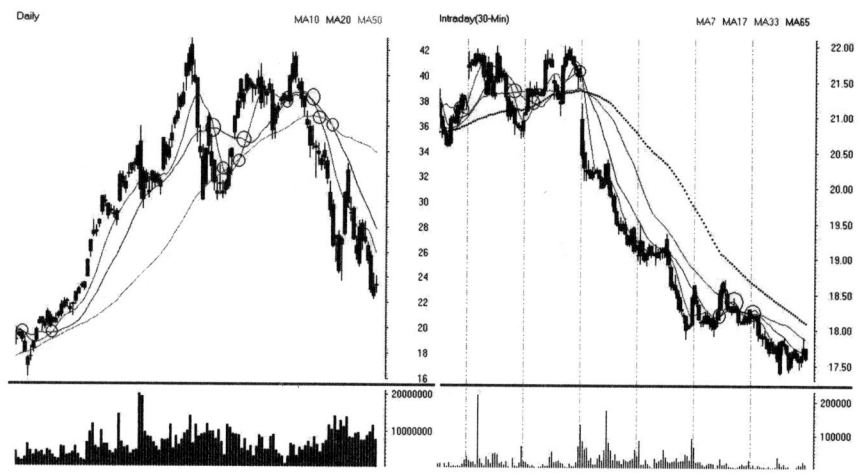

图 10.2　移动平均线的交织（图中圆圈处）表明市场犹豫不决，它并不是可以用来把握时机的工具①。供图：RealTick by Townsend Analytics

移动平均线的群体效应

由于移动平均线受到如此广泛的关注，其重要性得到显著的自我强化。无论任何时候只要市场上有足够大的参与者群体相信在某个位置上存在着（或者缺乏）投资价值，这些参与者共同的群体行为就会派生出一个这样的市场环境。移动平均线的实际价值就在于市场参与者在一条关键移

---

① 左图为日线图，右图为 30 分钟分时图。（译者注）

动均线受到考验时如何对股价做出反应。

例如，50 日移动平均线（图 10.3）是一个受到交易者和投资者广泛关注的技术估值参照基准，因此*往往成为上升趋势中的支撑位或下降趋势中的阻力位*。通常情况下，股票走势位于上扬中的 50 日移动均线上方应该被认为是牛市的特征，而股票位于下行中的 50 日移动均线下方就非常可疑，很容易导致其继续下跌。这种趋势并非是技术分析的伏都魔咒在暗自发挥作用，而是因为有足够多的市场参与者认为该位置是关键的，正是他们基于这种认识的买入和卖出行为导致了该移动均线成为一个*技术上重要的转折点，价值往往在此被重估*。

当在上升趋势中一直在卖出减仓的重仓持有者看到股价接近 50 日移动均线时，他们往往会放慢卖出的速度，因为其固有的理念是上扬中的 50 日移动均线通常会对股价起到支撑作用。这些重仓持有者的减速卖出导致市面上供给减少，帮助股价在 50 日移动均线附近企稳。

在市场上卖盘减少的同时，供求格局逐渐发生变化。早前卖空这只股票的空头开始在 50 日移动均线附近挂单回购平仓，因为他们已经在太多其他的股票上看到过 50 日均线所起的支撑作用。空头们觉得这是一个不错的位置，应进行减仓操作并锁定利润了。

场外的资金也会被吸引到回调至 50 日移动均线附近的股票。因为这些交易者也见到过如此多的股票在考验 50 日均线后"弹起"，他们开始在这个位置建立起多头仓位。

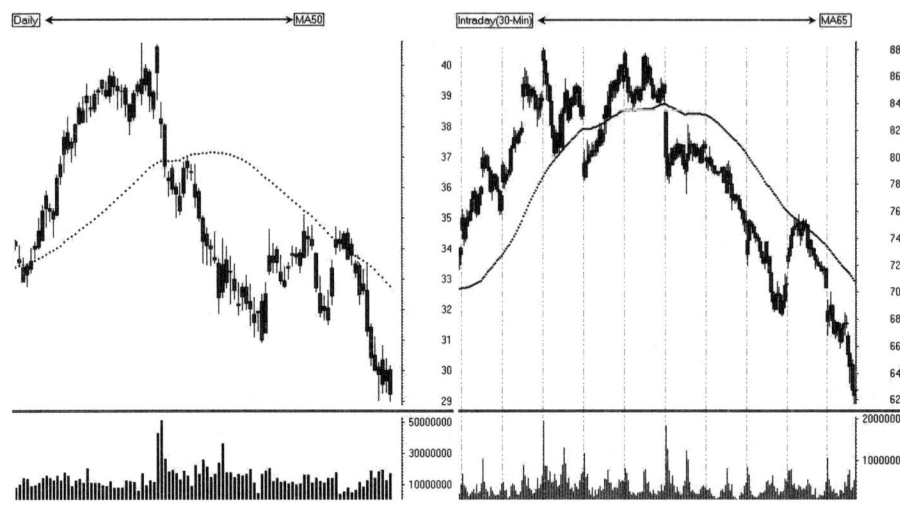

图 10.3　左图是日线图，图中的均线为 50 日简单移动平均线；右图为 30 分钟分时图，图中的均线为 65 期简单移动平均线（市场每个交易日开盘 6.5 小时，即 13 个 30 分钟期，则 5 个交易日即为 65 个 30 分钟期）。供图：RealTick by Townsend Analytics

对上述市场参与者来说，50 日移动均线的效用是建立在对这一位置上投资价值的认知基础上的，但也是这些参与者的群体行为带来了供求关系的变化，进而导致了其后的回升。我们要研究的其他时间周期的移动平均线背后的市场心理也是一样的。从某种意义上说，移动均线引发了市场参与者"巴甫洛夫"式①的反应，他们的先入之见就是把移动均线看作支撑或者阻力。

寻找时机的工具？很可能不是

就其本身而言，移动平均线并不是助你寻找市场时机的很好的工具。

---

① 巴甫洛夫（1849-1936），研究高级神经活动的俄国生物学家，其核心思想是条件反射学说。（译者注）

交易者使用移动平均线的适当方法并不是把均线作为进行操作的基础，而是当股价接近均线时更密切地观察市场走势。

在 50 日移动平均线上上演的走势或许是把我们吸引到这只股票上来的催化剂，但是只有在短线时间周期上进行仔细研究过之后才能进行买入或卖出操作。选择短线时间周期可以放大我们对这场正在 50 日（或其他任何）移动均线上展开的争夺的分析。在长期移动均线上的走势是把我们吸引到这只股票上来的因素，但是低风险的介入点来自在短线时间周期上对该股竞价过程的进一步深入分析。只有价格才能告诉我们何时该进行买卖，把移动均线仅仅当作吸引我们关注某个价格位置的条件反射点，它只是告诉我们供/求的动态关系在此有可能会发生转换。

趋势是你的朋友

无论你选择哪个时间周期进行交易或者分析价格走势，你都要选择最小阻力通道的方向，而移动平均线所指向的方向能够使你迅速确定那个方向。上扬的移动均线表示正向价格走势，而下行的移动均线是净卖出的结果。在股票的长期移动均线上方牛市在每个时间周期都主导着竞价过程（见下表），只要关键的移动均线处于上扬之中，选股时这只股票就应以"无罪推定"来对待。熊市位于下行中的移动均线下方，当股票的长期移动均线处于下行之中，该股就应被作为"有罪推定"来对待。

时间周期	短期移动均线	中期移动均线	长期移动均线	再次确认
日线	10(即 50 日)	20(即 100 日)	40(即 200 日)	
30 分钟线	7	17	33	65(即 5 日移动均线)
10 分钟线	20	50	100	195(即 5 日移动均线)
5 分钟线	40	100	200	
2 分钟线	20	50	100	
1 分钟线	50	100		成交量加权平均格

图 10.4 上表显示了在各个时间周期上最能代表短期、中期和长期趋势的移动平均线。有时额外的第四条移动均线也会被添加进来以获取更长线的视角和进一步的确认。这些移动均线不应从字面意义上理解为需要进行买卖操作的价位，而是代表应该更为密切地关注股价走势的区域。

注意关键移动平均线的方向比收盘价位于它上方还是下方更为重要（见图 10.3）。对于不明就里的空头卖方，一个常见的陷阱是在一条关键移动均线下方收盘的最初几日里就建立起空头仓位，但是只要移动均线的趋势依然是向上的，不确定性之下的比较优势依然应该倾向于多头买方这边。同样常见的是新手多头买方在股价上穿一条仍处于下行中的关键移动均线时会感到激动不已。这样的反弹通常会失败，直到关键移动均线的走势变得平缓或者开始上扬。

业余选手常通过分析移动均线来寻找字面意义上的进入和退出的价位，更有经验的交易者则通过分析移动均线来帮助自己确定市场心态正在发生的转变，以便能预测低风险高收益的交易机会。如果一个技术性事件——例如连续几期突破一条关键的移动均线——表现得太过明显的话，要注意这也许是市场最残忍的偏好之一：借此来套住很大一群站在错误一边的业余选手。

无论在哪一个时间周期上，市场的周期性结构都将使得移动平均线看起来像是彩虹状的形态（见图 10.1）。当把股价与移动平均线结合起来观察时，你将注意到在股价和各条移动平均线之间存在着特定的关系。正是股价和移动平均线之间的这种相互关联使你可以清晰和客观地把一只股票所"位于"的阶段进行归类。识别和衡量在给定时间周期上存在的多重趋势可以让人更透彻地了解走势，从这样的分析中建立的信心将会最小化情绪因素干扰决策过程的可能。

我一般在一个时间周期上会观察三条不同的移动均线，但有时也会添加第四条均线作为对长期趋势的最终确认。为了使我的趋势分析在不同的时间周期上保持一致，我以不同的颜色表示各移动均线，红色表示短期移动均线，蓝色表示中期移动均线，绿色表示长期移动均线（见图10.5）：

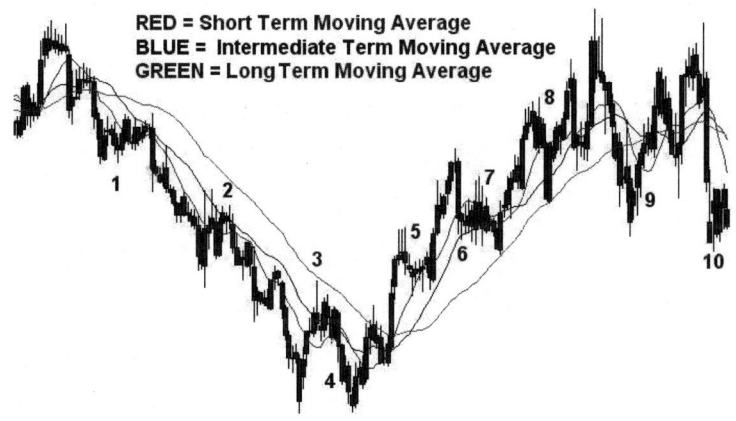

图10.5　上图中为了突出显示股价和移动平均线之间的关系而移除了所有对价位和时间的标注。下面将要描述的二者之间的关系存在于表10.4中的所有移动平均线。请注意并非所有的股价图看起来都会像上图一样对称。这其中的技巧就是寻找那些能够发出清晰信号的股票，避免趋势性并不如此清晰的股票。供图：RealTick by Townsend Analytics

短期移动均线总是会和价格走势贴合得最近，因为它是使用了最近期少数数据计算所得。换句话说，它对价格的走势最为敏感，因此短期移动均线被认为是股价变动的"快速"反应。中期移动均线对股价变动的反应排在第二；长期移动均线被认为是价格反应最慢的，因为它的计算导入了最多的价格数据。

接下来让我们一步步解析价格/移动均线之间的关系，这种关系存在于几乎所有的市场和时间周期①。

1. 在创出了更低的高点和更低的低点之后，股价开始在下行的移动均线下方盘整。注意这时红色的短期移动均线位于蓝色的中期移动均线下方，后者更位于绿色的长期移动均线下方，并且所有的移动均线都在下行之中。此时确认这只股票处于阶段 4 下跌。

2. 随着股价继续走低，反弹在短期和中期移动均线附近遭遇卖压。

3. 股价的跌幅越深，反弹就越是强劲，因为空头卖方在抢着回购平仓锁定利润，新的资金也被"折扣价"吸引入场。

4. 短期移动均线上穿中期移动均线，表明短线趋势和中期趋势的冲突。这样的不确定性常常发生在股价寻求支撑时；它显示在不同时间周期上的市场参与者在价值评估上存在不统一。但只要长期移动均线仍在继续下行，对任何反弹都应持怀疑的目光。此时股票已经进入了阶段 1 蓄势，趋势交易者应该避免无明显趋势性的行情。

5. 股价在低点抬高后创出了一个新高。这波走势把短期移动均线拉升到中期移动均线上方，后者被拉升到长期移动均线上方。所有的移动均线都开始指向上扬的方向，此时确认该股处于阶段 2 抬升。处于这个阶段的股票应该在短线时间周期上加以分析来找到低风险的介入点，因为此时卖方所剩寥寥。当均线系统呈现出短期均线 > 中期均线 > 长期均线的多头排

---

① 以下 1 到 10 的序号分别对应上图中的标号位置

列时，一个健康的上升趋势就形成了。

6. 股价最初在上扬中的短期和中期均线附近找到支撑，之后的回调变得更深，往往在更长期的均线附近获得买盘支撑。

7. 短期移动均线下穿中期移动均线，表明三个趋势之间发生走势冲突。对市场的这个初次犹豫不决的迹象应该谨慎对待，*但只要长期移动均线仍处于上扬之中，不确定性之下的比较优势依然应该倾向于多头买方这边。*

8. 股价恢复上涨并创出新高，确认多头买方并未失去对长期趋势的控制权。

9. 股价从历史高位进行了一次深度回调。随着振幅加大，移动均线屡次传递出相互矛盾的信号，各条均线更为频繁地交织在一起。总的来看，市场处于犹豫不决之中，该是对这支好股票警觉的时候了。

10. 股价创出了一个更低的低点，下行的短期移动均线穿过了同样处于下行之中的中期移动均线，后者也下穿了下行中的长期移动均线。至此这只股票完成了一个完整的循环，现在已确认进入了阶段4：下跌。

此时，你很可能正看着刚才参照的股价图来确定在各个时间周期都应该使用哪几条移动平均线。请记住移动均线仅是一个与股价走势做比对的参照系，而不应被当作一个交易系统来使用。并不存在一条任何时候都行之有效的魔法移动平均线。然而，在各个时间周期上确实有能够准确一致地代表短期、中期和长期趋势的移动均线。这些移动均线的主要价值来自它们是市场上最受广泛关注的均线这一事实，这也使得它们在预测市场参与者集合的群体行为时最为有用。获得市场共识的任何技术位置或事件在股价接近该区域时都会达到自我实现。

第十一章 时间

时间是少数几个我们在追逐市场盈利的时候自己能够控制的变量之一。我们选择进行市场活动以获利（或者亏损）的时机是完全主观的。

在市场上成功把握时机的关键一是避免无操作的场外时间，二是只有存在强劲的单边走势时才进场操作。能够恰当选准时机的话，无论你是短线交易者、长线投资者或是介于二者之间，都可以创造出实现利润最大化的显著优势。另外，使用跨时间周期分析可以使你距离不间断持续增长的目标更近一步。

无论是在生活还是在股票市场上，对时间的衡量都不是单一的。人类已经制定了对时间为数众多的衡量方法，从一秒的几分之一到分钟、小时、天、星期、月、年直至十年期等等。没有其他任何参照，简单的陈述语句如"三点钟给我打电话"几乎没有任何意义。说的是早上还是下午？哪一个时区，哪一天，是这个星期吗？在市场上，对时间和趋势的衡量也存在着类似的模糊之处。

我时常听到人们说他们看多或者看空，但是没有时间参照的话，这些说法都几乎没有意义。正如同我们对时间有多重衡量一样，市场活动中也必须在多重时间周期上加以研究才能获得对趋势最为客观的分析结论。只有把分析建立在多重时间周期之上才能揭示获利可能最大化的交易机会。

当然，主趋势是指适用于你正在考虑的交易机会的最长时间周期上的趋势。在市场上跟随长期趋势进行交易的获利可能性是最大的。正如有关趋势那章的分析，越是在主趋势的早期，趋势反转的可能性就越小，此时跟随趋势获利的可能性就越大而风险则越小。成功的要素之一取决于确定在你预计的持有期间内何为长线时间周期。

如果你是一位长期规划者，思想上做好了承受一时的亏损准备以换取对持有投资的低度关注，那么短线交易很可能对你毫无吸引力；因为这会消耗你太多的时间和精力。但是如果你无法容忍账户市值的上下波动，认为当股票在经历一轮趋势中的正常回调时仍继续持有它是不合时宜的话，短线交易能使你对交易业绩的一致性有更好的控制。

有些市场参与者入市交易是出于满足好动和解闷的需要，这可是个危险的交易动机。进行交易的唯一目的是为了获利。把自己置身于迅速堆积起来的交易佣金和代价高昂的情绪化决策之中，无备而来的短线交易者几乎不会有幸存的机会。要在市场中成功，你需要透彻地了解你自己和你的动机，这就意味着要进行足够的内省来分析你对处于不断变化之中的市场信息所做出的反应和所需的时间。对你个性中情绪的"基本构建"有一个坦诚的评估应该能有助于决定哪一个时间周期最适合于你的情绪容量。

趋势校准

在多重时间周期上分析股票寻找低风险高收益趋势性交易机会的理念被称之为"趋势校准"。短线和长线交易者和投资者对于价值评估持不同观点，且价值本身就会发生迅速的变化，因此股价趋势需要在各个不同长度的时间周期上分别加以衡量。

第十一章 时间

你很可能对市场上流行的口头禅"趋势是你的朋友"相当熟悉,这无可厚非。对投资者而言,财富的长期积累来自参与能够持续长达数年的趋势。能够持续不断地获取短线交易利润的最佳途径是投资一支处于长期趋势运行之中且短线走势迎合了其长期趋势的股票。

单纯从理论上讲,趋势交易是简单的——多头逢低买入、逢高卖出;空头则逢高卖空、逢低买回。然而在现实中,许多交易者却对趋势交易感到沮丧,这其中的原因是他们并未关注适当的趋势,或者在一轮短线行情已经上演之后才跟着建仓。

大约在一百多年以前,查尔斯·亨利·道①在《华尔街日报》上写下了一系列社评,阐述了他对股票市场如何运作的观点。这些文章的合集统称为"道氏理论"。道的理论时至今日依然站得住脚,并成为技术分析的一个关键理论基础。道氏理论的基础之一是提出了价格趋势的三种类型:主要趋势,中级趋势和次要趋势。

主要的趋势变动,被类比为"海潮",这构成了市场上的主流趋势,通常可以持续几个月到数年的时间。主要趋势不能被操控,因为供给和需求的力度是如此之大,以至于任何一个市场参与者都无法成功地对市场参与群体的集体性思维施加影响。

中级趋势,被比作"波浪",是长期趋势中的反应性波动,通常持续两个星期到三个月的时间。中级波动常常由某个(群)较大的市场参与者(公募基金,对冲基金等)的大幅减仓行为导致。一旦(上升趋势中的)这股卖压被市场所完全吸收,由买方重新获得控制权,股价就会沿主要趋

---

① Charles H. Dow, 1851-1902,道琼斯指数发明者和道氏理论奠基人,《华尔街日报》创始人和首任编辑。(译者注)

势的方向继续攀升。

道氏理论的第三部分围绕**短线（次级）趋势**展开，它们被看作是无足轻重的浪花，持续时间一般小于两个星期。道认为这些短线趋势微不足道，因为它们只是代表中级趋势中的上下波动。根据道氏理论，市场上短线激起的小浪花很难预测，因为它们往往是市场参与者情绪化的结果。时至今日，我们知道经验丰富的短线交易者在这种情绪化的短线波动中交易起来也能如鱼得水。

因为市场上存在着至少三种趋势，成功把握趋势交易的重要一环就在于选择确定适当的趋势加以关注。时间周期的选择很大程度上取决于个人因素，包括：你（能够投入到市场中的）的时间、你的本金、市场经验和个人风险承受能力。同样重要的还有你的耐心有多大。

投资者自然会被主要趋势所吸引，而中级趋势则被更多的中线市场参与者（波段交易者）所关注，短线次要趋势显然是日交易者的选择。虽然这些概念看上去很直观，实际操作起来却更为复杂，因为技术交易就是针对各个不同时机的把握，*而且你如果希望胜算得以累加的话，就不能对时机的选择采取单一思路。*

无论你选择走 1 号门（长期投资者）、2 号门（波段交易者）还是 3 号门（日交易者），在每一笔操作之前都应该参考至少三个时间周期。我总是从长期趋势开始我的分析工作，因为这能使我了解主流资金的动向和最小阻力的路径。你应该避免与这些长期的更为强劲有力的趋势为敌，否则一旦发生失误，损失会被成倍放大。因此，*用长线时间周期可以产生交易想法，而不能把握交易时机。*

对投资者来说，应该从囊括了两年数据的周线图上开始他们的分析；波段交易者应该使用日线图来寻找交易机会；而从日交易者的角度看，长期趋势是指 30 分钟的时间周期。

	用途	投资者	波段交易者	日交易者
主趋势	产生交易构思	周线	日线	30 分钟线
中级趋势	测算风险收益	日线	30 分钟线	10 分钟/5 分钟线
次级趋势	校准交易时机	30 分钟线	10 分钟/5 分钟线	2 分钟/1 分钟线

图 11.1 投资者、波段交易者和日交易者在他们对主要、中级和次级趋势的分析中会使用不同的时间周期。把这些时间周期作为分析的出发点。通常有必要"进一步往左"看看，一些较远期的数据或许会与主要趋势相关。

一旦选定了一只股票作为可操作的交易目标，操盘计划的下一步是确定与认知到的风险相比，是否存在足够的盈利空间来为进场交易做辩护。这时就是中线时间周期发挥作用的时候了；它有助于你在制定操盘计划时更清楚地看到市场上的相关支撑和阻力位。相对于当前股价，支撑和阻力所在的位置能帮助你确定在何处设立止损位（风险）和股价可预期的上涨空间（收益）。在中线时间周期上，支撑和阻力位比在长线周期上更易于识别。

中期趋势对投资者来说在日线图上更易于识别，对波段交易者而言则应该在 30 分钟时间周期上进行分析，日交易者应关注 10 分钟/5 分钟的时间周期。

一旦你已经确定存在一个好的交易机会，短线时间周期将是你下一个参考对象，*用以决定最终的进场交易时机*。分析短线时间周期上的趋势可以使你的介入点更为精准，最终降低你的进场风险。短线趋势对投资者来说在 30 分钟线上最易于识别，波段交易者则应该分析 10 分钟/5 分钟上的时间周期，日交易者应关注于在 2 分钟/1 分钟图上展开的趋势。

注意查尔斯·道所指的时间周期是针对投资者而言的。技术和定价机制的发展，为短线交易打开了更多的机会窗口。今天的波段交易者大多考虑以日线时间周期为长期（主要）趋势，一般跟随该趋势的方向进行交易。当我在日线时间周期上考察潜在的波段交易标的的时候，我喜欢分析至少 150 个交易日的数据，以对长线主流趋势有一个好的感觉。

对波段交易者来说中线趋势在 30 分钟分时图上最易于辨认。对于中线时间周期，我一般分析 20 至 30 天的交易数据。波段交易者所需关注的短线趋势可通过考察 5 分钟或 10 分钟时间周期获得。我通常关注 5 个交易日的 5 分钟线数据，及 10 个交易日的 10 分钟线数据。请参考图 11.1 找到最适合日交易者和投资者的时间周期。

即便是日交易者也能从关注至少三个时间周期中获益。对日交易者而言，涵盖 20 至 30 个交易日的 30 分钟图通常就足够用于分析这只股票上的长期趋势了。要在中线时间周期上确定关键的支撑位和阻力位，日交易者最应关注过去 5 至 10 个交易日的 5 分钟/10 分钟线。为了获取精确的进入和退出点，日交易者则可研究过去 1 至 2 个交易日的 1 分钟/2 分钟线。

无论你将自己划归为哪一类——投资者、波段交易者，抑或是日交易者——把注意力放到与你的交易风格最为相关的那些时间周期上。假设你是一名投资者，甚至是一个波段交易者，分析 1 分钟和 2 分钟线会诱使你采取和交易风格相比过于频繁的操作；这会因过度操作带来较高的佣金成本或错失机会。

作为一名日交易者，分析长线时间周期（如周线图）将会收效甚微——甚至相反会有害无益，因为它可能会滋生自满情绪，从而基于长线趋势的理由过久地持有原本只是一笔短线的交易。要了解在市场上发挥作用的所有驱动力，但是也要学会只专注于和你的交易目标相一致的时间周期。

第十一章　时间

以下是对这些原则的总结：

- 无论你是一名投资者、波段交易者，还是日交易者，至少在分析了三个时间周期后再投入资金交易。

- 你通过研究越多的时间周期来确认现行的趋势，交易成功的可能性就越大，因为你会了解到尽可能多的潜在结果。

- 买入或卖出决策应建立在对较短时间周期的分析结果之上，因为它们倾向于领先于较长时期上的趋势。长期趋势只不过是在较短时期上的趋势加总构成的，因为短期趋势会领先于长期趋势。

- 分析最少三个不同时间周期会在以下三个方面发挥作用：确认主流趋势（长线）、通过近期的支撑位和阻力位确立风险收益率（中线）、找到更为精准的介入点（短线）。

利用多重时间周期进行交易的理念值得每一位市场参与者考虑，因为它会使我们在交易决策中更为客观地分析市场实际是在如何运行的，而不是依赖于我们自身的观点。最终，多重时间周期分析可以使我们在续持牛股、斩断熊股上做得更好，这是所有市场参与者共同的目标。

最后

交易者们都有一个倾向，那就是感觉自己仿佛不得不持续不断地持有仓位，但是当各时间周期传递出了混淆的趋势信号时，最好是回归到较为谨慎的模式，直到各趋势走势开始校准统一、低风险的介入点开始浮现。

另外也要记得，尽管个股趋势在很大程度上受到整个市场和个股所在板块的趋势影响，但总是会有例外的股票出现。在牛市和熊市中都会有一些个股，其走势不受整个市场属于强市还是弱市的影响。在恶劣的熊市环境中仍然会有牛股，在强劲的牛市也还存在着熊股。把注意力放在你所交易个股的趋势上，而不是和他者"应该存在的"某种关系上。如果你专注于许多学者所主张的理论上存在的关系，那你就将发现你会经常问自己市场怎么能错得这么离谱。

关键是要知道存在于同一板块内和跨板块的反常走势，但是要基于你所看到的事实进行交易，而不是基于你认为的理论上应该如何。如果你实在无法理解在某只个股上看到的走势，只需待在场外就行了。只有价格才能带来回报，基于貌似"逻辑上的"推理而与趋势为敌已经让许多逆势而动者关门大吉了。

第十二章　何时及如何买进

为了胜多负少，积累胜算的最简便方法就是跟随主趋势进行交易——无论是上升还是下降趋势。这才是风险最小化、收益最大化的操盘计划。上升趋势的最基本定义——不断抬高的高点和低点——意味着上涨各阶段的总和总是要大于下跌各阶段的总和。我们要学会应用这个简单的算数。

大多数投资者喜欢上升趋势，因此本章中我们将探讨这类走势背后的基本原理。但是正如我们观察到的，熊市下滑的速度通常会快于牛市攀升的速度，因此跌市蕴含的机会也并不容忽视，这就是为什么后续一章将关注空头一方。二者对有头脑的投资者和交易者都极为重要。

无论做多还是做空，都应该以跟随主要趋势坚持趋势统一的原则为指导。试图逃顶和抄底是风险很大的交易行为，它需要较高的风险承受能力和极强的情绪控制能力。

对于趋势交易者，只应对处于已确认的阶段 2 上升趋势和阶段 4 下降趋势的股票产生兴趣。接下来让我们站在波段交易者的时间周期上，把对价格、成交量和移动平均线的分析整合起来通过多重时间周期分析来确认理想的做多和做空交易标的。针对波段交易者的这一理念也可以同样应用于投资者和日交易者,只需按照下表调整所使用的时间周期即可。让我们先从多头这边的交易开始,然后在第十三章再探讨卖空交易的例子。

如第十一章中关于时间和时间周期所述,对于趋势的分类对于各种不同类型的市场参与者是不同的。如下(图12.1)再次展示了对于投资者、波段交易者和日交易者而言最为相关的一些时间周期。再次重申,趋势校准统一的理念并不仅适用于短线交易。正确地识别长期趋势以形成交易想法、中期趋势以评估风险收益及短期趋势以寻找介入点,这一交易理念能有助于所有的市场参与者最小化风险和最大化收益。虽然不存在一种放之四海而皆准的交易方法,但是采用多重时间周期分析确实能够使我们在参与到主流市场趋势的同时通过短线时间周期有效地控制风险。

	用途	投资者	波段交易者	日交易者
主趋势	产生交易构思	周线	日线	30分钟线
中级趋势	测算风险收益	日线	30分钟线	10分钟/5分钟线
次级趋势	校准交易时机	30分钟线	10分钟/5分钟线	2分钟/1分钟线

图12.1 对不同时间周期的再次审视。

要是不指出利用短线时间周期所蕴藏的危险性的话,就是我的不负责任。人们很容易被短线时间周期看似简单迅速的波动所诱惑,然而正如你学会走之前必须学会爬、学会跑之前先要学会走一样,你必须首先学会掌握如何在较长线的时间周期上进行交易,之后再将这些技术应用到短线交易上。

短线交易分析的最大价值在于通过更精准地抓住介入点和有效管理止损位来降低交易风险。成功进行短线交易的最大障碍是必须做到精神高度集中并且思维迅速敏捷,以避免做出情绪化的决定。保持纪律性和避免情绪化要比尽量抓住你看到的每一次波动更为重要,况且没人能抓住所有的波动。

日线时间周期：找到合适的股票

寻找适合多头交易的股票首要考虑的是它必须在日线级别上处于阶段2上升趋势。

针对波段交易的目标，我们的搜寻始于日线时间周期，需要找到不断抬升的高点和低点这一形态。最好的标的股其走势应该位于上扬中的10日、20日及50日移动均线之上，并且各移动均线应处于多头排列即 10 > 20 > 50。要是该股票在周线时间周期上也位于上扬中的关键（10周、20周及40周）移动均线之上，那就更是锦上添花了。然而，要注意的是，对于短线交易者来说，等到周线级别上的趋势也赶上来的时候，这笔交易很可能已经收尾退出了。

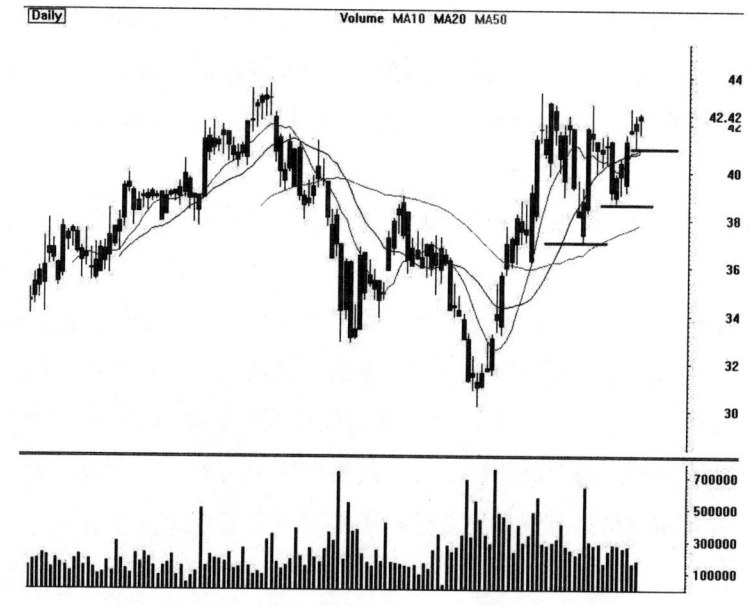

图 12.2　该股票在日线图上正处于一个清晰的上升趋势中，10日、20

日及 50 日移动均线均处于上扬之中①。股价最近期在 10 日和 20 日均线处获得支撑，在此处形成了一个更高的回调低点，初期的止损单应设置于此位置。因为股价正在接近创出新高，我们最低的上涨目标位可以设置在 $44.5 处（这是一个保守的目标，假设股价只是稍微突入新高区域）。该股票的 30 分钟和 10 分钟分时图见图 12.3 和 12.4。供图：RealTick by Townsend Analytics

30 分钟时间周期：评估风险/收益

一旦一只股票被确认为潜在的多头交易标的，接下来要做的就是将分析进一步下探到中线时间周期上，例如涵盖了 15 至 20 天数据的 30 分钟分时图（见图 12.3）。*分析中线时间周期的主要目的是确认潜在的支撑位和阻力位，以测算风险收益率。*设置止损单的策略要优于使用市价单，后者并不考虑亏损的可能性，但是止损单的位置必须设置在前期支撑所在的实际价位，否则就将是一个错误。当你买进一支看涨的股票，你会想要在短线强势之初就买进，并且只要上升趋势保持完好就一直继续持有它。

当你在新的一轮趋势开始时买进看多，你的首要目标是保障本金的安全，最初的止损位设置应确保基于风险收益率评估基础上的任何可能损失都在可接受的范围内。对于一个新建的多头仓位，最合乎情理的止损位就建立在上升趋势的定义基础上——"不断抬高的高点和不断抬高的低点"。如果股价在买进之前就跌破了 30 分钟时间周期上重要的支撑位，那就没有理由再继续看多，因为趋势从定义上就已经不复存在了。*一旦趋势从定义上被打破而你继续持有该股票，你就不再是一名趋势交易者。*

---

① 该图为日线图，图中红线为 10 日移动均线，蓝线为 20 日移动均线，绿线为 50 日移动均线。（译者注）

第十二章 何时及如何买进

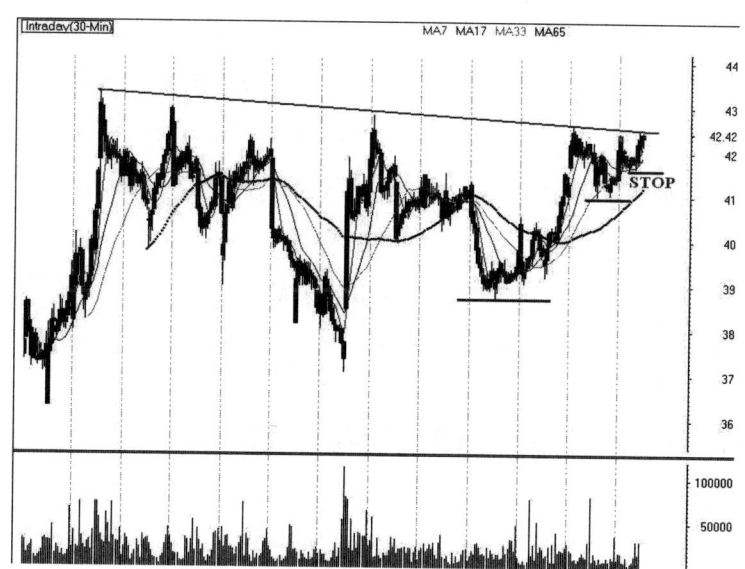

图 12.3 在 30 分钟图上我们可以看到股价即将突破 42.5 美元附近的阻力位①。由于最近一次回调后被抬高的低点位于 41.80 美元附近，我们的亏损风险是 0.70 美元，预期的收益则为 2.00 美元。供图：RealTick by Townsend Analytics

顺便提一下，如果你在止损位不采取行动的话，止损位就毫无意义。为继续持有制造出理由来相当容易，但这是业余选手的思维模式。忘记你对公司的观点，不要关注成交量或者其他任何为继续持有找到的貌似合理的借口。当股价跌破最近的低点，这简单明了地传递出买方无法抵抗卖压的信号，股价需要做出进一步的调整，无论是通过价格回调还是历经时间调整。

30 分钟时间周期不但可以使我们清晰地确认重要的支撑来用于设立止损位，而且让我们更为清楚地看到股价在上升途中遭遇可能会使势头中止的潜在卖压所造成的阻力位。持续 4 个小时②的放量盘整和之后的向下突

---

① 该图为 30 分钟分时图，图中红线为 7 期移动均线，蓝线为 17 期移动均线，绿线为 33 期移动均线，黑线为 65 期移动均线。"STOP"标记的位置为止损位。（译者注）

② 美股一个交易日的交易时间为 6.5 个小时。

破在日线图上不会作为潜在的阻力位显示出来；正是通过对分时图上短线时间周期的分析使得我们能够确认这些关键位置。不要从字面意思上来看待这4个小时，这其中的要点是：一个前期的重要交易位置在长线时间周期图上也许根本就不会显示出来，但它能成为卖压集中释放到市场上的一个点位，上升势头会就此被打断。

因为在这个位置上短线上升趋势可能会被中止，该位置可以被当作上涨的目标价位，与风险一起用于评估判断是否应该进行操作。

10分钟/5分钟时间周期：跟踪交易

一旦在中线时间周期上确定了可接受的风险收益率，接下来的一步就是在短线趋势上找到更为精准的买入点然后管理所买入的仓位。当我们在10分钟分时图上观测到股价运行四个阶段的存在时，我们的买入和卖出操作就将取决于这四个阶段。

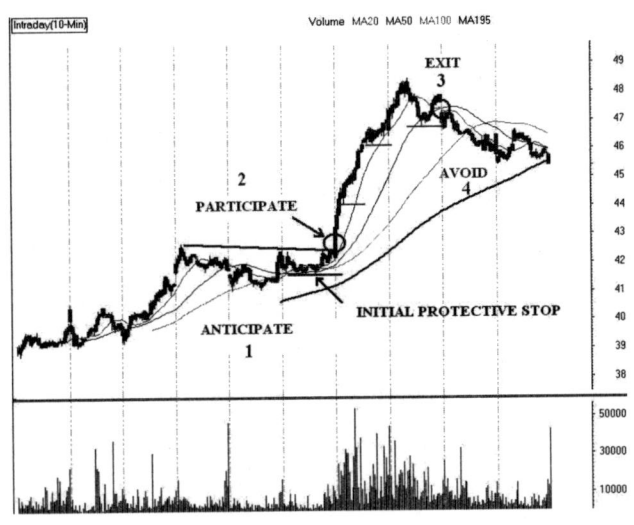

图12.4　股价在10分钟时间周期上在图中绿色圆圈处突破了短线阻

力并吸引市场参与者加速买入①。当股价变动如此迅速时，我常常为小部分持仓设置一个动态跟踪止损位，以在迅猛的势头中保持敞口头寸。当股价快速上涨时，很难找到可靠的位置来抬高你设置的止损位，因此对每一次小的回调都要非常紧密地进行跟踪。随着股价从短线的调整中恢复过来，调整的低点就被作为新的止损位。这个不断抬高止损位的过程会一直持续下去，直到股价回调时创出新低或者移动均线开始相互交织走势变得犹豫不决。供图：RealTick by Townsend Analytics

该股目前的主趋势是阶段2上升趋势，风险收益比在30分钟线上得以确立，接下来探讨10分钟时间周期将如何为我们的操作提供一个介入点：

阶段1（蓄势阶段）——观望。当股票在日线图上处于阶段2上升趋势之中，从*10分钟分时图上观察到阶段1蓄势阶段时应保持高度警惕*，注意买方是否能够重新获得对短线趋势的控制权。此时的股票有着在近期上冲的最大可能，但现在还不是买入的时候。短线处于阶段1表示市场仍在犹豫不决之中，尽管此时最大的风险是时间上的消耗，但也并不能保证股价一定会上涨；过早入场将使你暴露在不必要的风险之下，仍继续保持警惕，对市场这一犹豫不决的短线区域保持密切关注，此时你应该积极地"跟踪这只股票"。

通过在启动之前持续跟踪该股，你便可以近距离地观察不断展开的市场动向，并且当股票从短线犹豫不决中过渡到新一轮涨势之初就能确定一个理想的介入点。在股价开始在短线时间周期向上突破之前不应进行做多操作。市场上的流行语"心存疑虑时，保持观望"在此时就显得尤为重要。正如移动均线的交织扭结表示市场在某个特定时间周期上犹豫不决，

---

① 该图为10分钟分时图，图中红线为20期移动均线，蓝线为50期移动均线，绿线为100期移动均线，黑线为195期移动均线。图中的标注：1为"观望"，2为"参与"，3为"退出"，4为"规避"（译者注）

在不同时间周期上缺乏统一的趋势也向我们表明不同市场参与者之间并未对走势达成共识。正是缺乏共识导致在各个时间周期上相互冲突的趋势，进而降低了持续性单边走势的概率。换句话说，如果各个时间周期还未校准，趋势尚未统一，选择持现能让我们客观地看待这只股票。不要投机，股价会向主要趋势所指的方向变动，最好是等待价格和时间发出确认信号。

当股价短线时间周期上处于阶段1，密切关注量能是否放大、低点是否在抬高；更为频繁地考验短线阻力位是买方变得更加主动的迹象。

如果你在同时关注其他股票上的持仓的话，建议在该股短线处于阶段1时设置好股价预警，以免错过时机。假如我认为这只股票将会在一个明确的价格数字如25.30美元突破阻力位，我就会把我的股价预警设置在25.26美元或者其他某个刚好低于阻力位的数字。这样设置好了股价预警后，当股票接近突破位置时，就能确保在股价上冲之时我正目不转睛地监测其行情走势。如果我等到突破完成之后才开始近距离观测该股，而且还没有做好时刻买入的准备的话，我最终可能会因为迟到而不得不追高。

当你在等着阶段1完成时，注意Level-2二级报价系统里的成交速度和成交规模。当卖单挂出时，你应该观察卖单的规模及卖单看上去是否真实（或者相反，规模较大的卖单是否被刻意隐藏来压制股价上涨）。正是在这些最后的时刻——分析Level-2二级报价系统上的动向——使我做出是否买入这只股票的决定。

阶段2（抬升阶段）——参与。 一旦股价突破了短线阻力位并创出了新高，就到了买入的时刻！这创出的第一个新高表明了买方的主导地位，在此买入使我们得以在一开始便参与到正在强势展开的短线上升趋势中去。正是在此刻新的上升势头开始展现，短线趋势确立起来。以往的历史走势表明，趋势一旦确立，更有可能会持续而非反转，尤其是当多重时间周期上的股价趋势与已经确立的长线上升趋势实现校准统一时,因为短线的走势进一步确认了长线上升趋势。

在短线蓄势阶段就开始跟踪股票能使你有机会观察和预期买方重新掌握控制权的时刻,你很可能将成为驻足一轮新趋势的第一批市场参与者中的一员。注意,一个常见的错误是等待成交量放大以确认短线上的价格新高;较高的成交量水平此时还不会出现,因为市场成交通常在短线上价格启动之后才会开始放大。

一旦已经买入股票,下一步就该密切关注市场交易以确认趋势的可持续性。我也听人们说过"牛股会自理",对此我并不同意。为了在每一笔交易中能减少损失并最大化利润,需要对持仓进行积极主动的管理。为了实现收益最大化,你在考虑退出之前应允许股票在 10 分钟时间周期上进行正常的调整(只要回调不跌破前期低点)。

在最初的短线爆发式上涨后,我通常会兑现一小部分的持仓。第一波上冲后我可能会卖出四分之一到三分之一的仓位,在已经锁定了部分利润后接下来的操作就从容不迫了。如果短线的上升趋势失败并发生逆转,已实现的少量利润能确保我在这笔交易上至少不会发生亏损,因为我会把止损位下移到盈亏平衡点的位置。我坚信一有机会就要尽量降低风险,较早卖出锁定部分利润有助于实现这一目标。

另一方面,如果持仓并未被止损卖出而股价继续攀升,我的工作就是在股价上涨中保持足够的耐心,同时随市场走势抬高我的止损位。只要股票的高点和低点在 10 分钟线上继续不断抬高,就没有卖出的理由。股价在回调中是否能够持续不断地在短期、中期和长期移动均线附近获得更高位置上的支撑也为趋势的力度强弱提供了线索。假如回调的深度超过了你的预期,警戒度就应提高一个等级,你的手指距离卖出键就应该更近一些。

股价达到目标价位后，我通常会再卖出部分持仓。如果在我设定的目标价位确实存在着阻力的话，卖出部分持仓可以锁定利润，剩余部分的持仓也可以有足够的流动性来随时变现。况且，我的部分卖出行为也并不会把股价打低。

阶段 3（派发阶段）——退出。正如我们所知，一轮上升趋势会以两种可能方式进行调整。其一是价格回调，如果股票在 10 分钟线上回调时跌破了前期低点，短线趋势就站不住脚了。我把这作为卖出剩余多头持仓的信号。

股价调整的另一种方式是通过时间调整。*时间调整往往会在主要趋势指向的方向上进行*，但是当 10 分钟线表现出第一个犹豫不决的迹象时（短期移动均线下穿中期移动均线），我就会卖出所有剩余的持股。短期的阶段 3 调整并不总会导致股价下降；然而，它确实传递出了股价走势已经失去了动能的信号，股价在短线上不大可能会持续走高了。

短线趋势交易就是在股价上扬中斩获利润而规避走势犹豫不决的时期。当势头衰弱时，我把它看作是卖出剩余股票的信号。但当我清仓卖出时，这并不意味着我对这只股票彻底丧失了兴趣。这样的盘整阶段或许会持续上一到两天时间，之后会接着恢复上涨。我认为有必要把它加入到关注列表里来保持一天回顾上两到三次。短线派发意味着至少会有一段时间的盘整，甚至常常会导致更深的价格回调。

阶段 4（下跌阶段）——规避。当股票在短期趋势上出现不断拉低的高点和低点，就被认为是短线交易者的熊市，我们要规避这样的股票。卖空在总体上升趋势中经历短线价格回调的股票也是可以盈利的，但其风险要比卖空一支处于主下跌趋势中的股票大得多。再说，上文中简单的算数已经提醒我们在主上升趋势中下跌阶段的总和要小于上升阶段的总和，从中获利的机会也是如此。

第十二章 何时及如何买进

卖空这些股票风险较大的另一个原因是你的空头持仓更可能受到消息发布的负面冲击。还记得"消息和突发事件倾向于迎合主要趋势"吗，其股票处于长期上升趋势中的更可能会是一家基本面良好的公司，关于这样的公司就会有利好消息不断发布。

当长期趋势向上而短期趋势向下，各个不同时间周期上的趋势在方向上发生冲突时，不应该买入该股。对做多的目标应该等待其在10分钟线上完成了整个的短线阶段4下跌之后再考虑买入做多，而不是试图"分批建仓"或者"拉低均价"。我们永远不会知道一只股票是否会获得支撑然后反弹；在短线下跌中买入会立即将你置于一个不必要的亏损状态。

接下来的几张图是在三重时间周期上计划一笔多头买入操作的另一个例子：

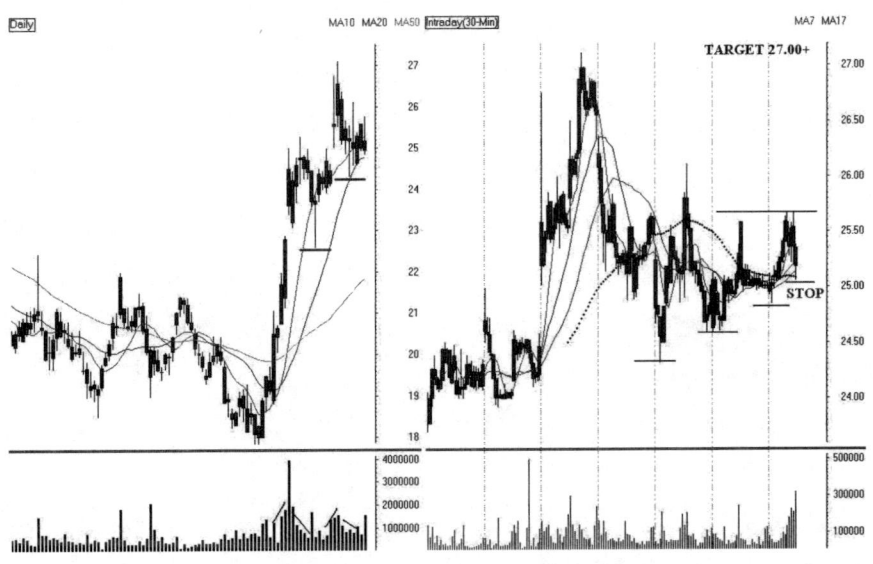

图 12.5 上图中，日线图和 30 分钟分时图以更多细节展示了股票在

阶段 2 上升趋势中进行的盘整①。最初的风险收益率通过 25.60 美元附近的短线阻力位和位于近期回调低点 25.00 美元之下的止损位来确定。潜在的收益取决于日线图中上升趋势突破 27.00 美元附近前期高点的可能性。供图：RealTick by Townsend Analytics

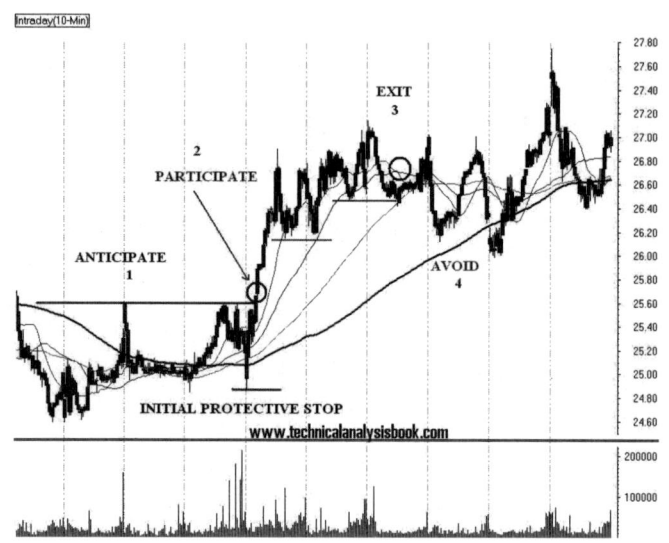

图 12.6 10 分钟分时图显示了股票创出短线新高的位置（2：参与）②，构成了买入这只股票的理由，因为此时短线趋势与日线图中的上升趋势实现了校准统一。股价在上涨突破 27.00 美元后创下了回调的新低，之后不久短期移动均线下穿中期移动均线。虽然股票最终恢复上涨，在回调创出新低时退出是因为上涨势头已开始减弱，这使我们规避了紧接着持续三天的震荡走势，之后买方得以重新控制趋势。供图：RealTick by Townsend Analytics

---

① 左图为日线图，右图为 30 分钟分时图，图中标记的"STOP"处为止损位，"TARGET"处为目标位。（译者注）

② 该图为 10 分钟分时图，图中的标注：1 为"观望"，2 为"参与"，3 为"退出"，4 为"规避"，标记为"INITIAL PROTECTIVE STOP"的位置为最初的止损位。（译者注）

第十三章　何时及如何卖空

如果你确实想要在市场上持续不断地盈利,那你就得具备在任何行情中获利的能力,而并不仅限于当股票上涨时。常会有人来跟我说他们对把交易作为职业很有兴趣,然而他们却毫无卖空的经验,对此我颇感惊讶。更让人感到震惊的是他们对卖空没有丝毫兴趣。

这基本上把那些只会做多的市场参与者的机会砍掉了一半。尽管我没有独立核实过,据称熊市平均每 39 个月就会发生一次,每次通常会持续 18 个月。这可是很长的一段时间,这期间多头交易的胜算不大,而通过卖空获取市场盈利对维持日常收入的意义重大。

在一轮让市场参与者信心高度膨胀"得来全不费工夫"的牛市过后,熊市的到来会让期望值回归到现实中来。据说牛市会帮助你从无心之失中解脱,熊市则会惩罚任何纪律上的失误。熊市行情会让牛市交易者们想起股市有风险这一事实,而具备纪律性的灵活的交易者们则在股价下跌中继续累积盈利。

卖空是试图从下跌中的股票上斩获利润的策略。交易者先行卖出,然后期望能以低价买回,从中赚取差价的利润。卖空通常被认为比买多的风险更大，因为前者存在着亏损不设上限的可能。如果你以每股＄20的价格买入股票，你每股最多损失＄20，但是如果你卖空的话，股价上涨时你的损失可能会大得多，想想要是股价不受阻碍地上涨到＄30、＄50或者＄100，甚至更高！

显而易见，当你卖空时，必须非常严肃认真地对待止损。虽然在理论上卖空亏损的金额可能会比你投入的资金更多，空头仓位承担的风险是没有上限的，但实际上适当的控制仓位和有效的风险管理可以在很大程度上缓解卖空可能会导致的灾难性结果。

由于交易规则的改变和创新的ETF基金①的引入，建立空头仓位比以前变得更加容易。卖空交易规则在2007年7月6日被修改，"报升规则"被取消，这使得卖空股票更为容易。报升规则是1934年颁布实施的证券交易法中的规定，它只允许以比最新成交价更高的价格卖空股票。

在2006年，反向型ETF基金②和双倍反向型ETF基金被引入了投资领域。反向型ETF基金使得市场参与者可以通过买入ETF基金产品来做空市场，双倍反向型ETF基金则加倍了放空仓位，意味着如果主ETF基金下跌了1%，双倍反向型ETF基金将获利2%。双倍反向型基金提供了在各种指数上做空的机会，其买入者也被允许使用杠杆操作。

上述这些产品在大多数主要指数以及不断增长的板块指数上都有提供。它们变得非常流行，因为市场参与者们发现通过买入基金来做空市场在感觉上会更舒服些。允许使用杠杆和"合格资金"（例如个人退休金账

---

① Exchange Traded Funds，直译为交易所交易基金，是在交易所上市交易的一种开放式指数基金，又译为交易型开放式指数基金。ETF基金份额的申购和赎回不是通过现金而是通过和指数对应的一揽子股票来进行。（译者注）
② 又称为做空型ETF。（译者注）

户）也让这类基金变得更加流行。由于退休金账户禁止借入头寸，退休资金被限制不得进行传统的卖空交易和使用杠杆，因为卖空交易必须在头寸户头进行，而退休金被限制不得借入头寸交易，因此其卖空的能力也受到限制。

做空需要正确的思路

对普通的市场参与者来说，熊市是一段无情的时期，消耗掉了他们的资产和感情。有些投资者已经学会了识别下降趋势，熊市中成功地选择持现，因此避免了许多其他只会做多的市场参与者的惨痛经历。而交易者们要在市场中谋生，显然不能静候他们持仓市值的恢复，甚至都没有持现在场外坐等的奢侈时间。这就是为什么卖空是每一位严肃认真的交易者都必须在阶段4下跌时学会应用的一项技能。

真实情况是卖空是在市场中获利的一种合理策略，如果你在积极地参与市场交易，不会做空就好比把一只手捆在背后作战。然而许多纠结的情绪和陈旧的观念依然存在，很多市场参与者发现做空交易是让人感到神经的一件事。相对于传统的低买高卖的思维模式，卖掉你并不拥有的东西会让人觉得很不自然。况且，空头卖方也被批判为不美国范儿的或者说不爱国的。从情感的角度说，一些市场参与者也会对从公司缺陷中盈利或别人都在赔钱时你却在赚钱感觉不好。

不要对你如何谋生感觉不好，积极交易就是为了持续盈利，你必须具备把握住任何能发现的机会的能力，其中也包括当出现大笔卖出变现的迹象时做空一只股票。

做空的最好时机是在熊市，但无论大市环境如何，总会存在处于阶段4下跌中可以做空的股票。

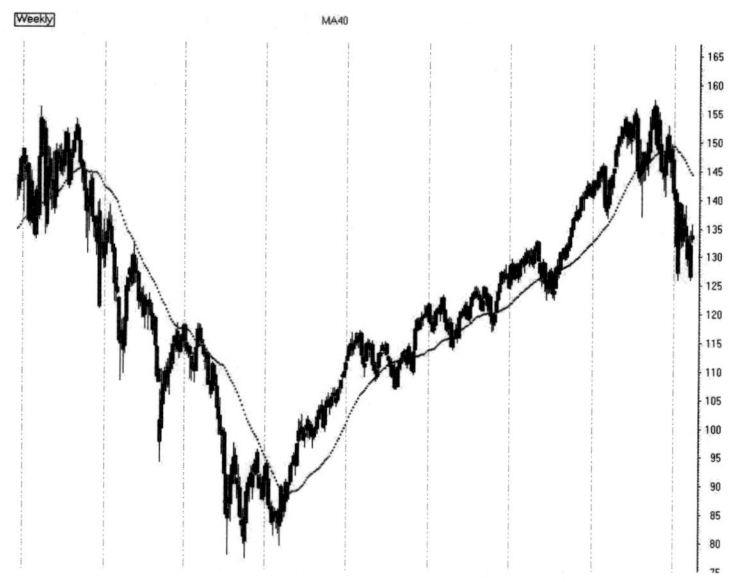

图 13.1 长线时间周期上的熊市通常受到 40 周（200 日）移动平均线的压制①。供图：RealTick by Townsend Analytics

但确切地讲，何为熊市？许多人认为 10% 或更大幅度的大盘下跌即正式宣告市场进入熊市，但我觉得这个定义太过空泛。如果不去尽量精确地定义熊市的话，可以这么说，市场熊态的最显著迹象是市场上大多数的股票都处于明确的下降趋势中或者主要的市场指数都位于关键的移动平均线下方。对熊市最准确的定义是 200 日移动平均线处于下行之中的市场环境。

事实上，股票跌起来会比它上涨时快得多，这与市场情绪有很大的关系。熊市的显著特征是市场参与者会表现出比在牛市时更为强烈的情绪化反应，这是因为赚钱给人带来自满的情绪而亏损会使人感到恐慌。恐慌情绪是比自满情绪强大得多的行为驱动力，沮丧的多头持仓者情绪化的卖出变现操作会导致市场的快速下跌。

---

① 该图为周线图。（译者注）

多头的恐慌情绪表现出来的第一个迹象是股票出现了反常的放量暴跌——大致可定义为比过去 20 个交易日的平均成交量放大了至少五倍。当股票突然被放量"抛售",它表明市场参与者对这只股票的认知发生了转变,这种波动的催化剂通常是基本面上发生了重大事件。这样的股票就成了潜在的卖空目标,值得在未来几个月保持关注,固执的多头会在挫败中持续不断地卖出他们的股份。

选择做空对象

作为一般性原则,你在选择做空标的时应该比选择做多对象时挑剔得多。说到做空交易,你对时机的把握需要更为精确,你肯定不会像在牛市里一样可以草率地进行交易而毫发无损。借入头寸交易在牛市或许是件好事,但在熊市却能变成一种诅咒,你需要格外的谨慎小心和时刻保持纪律性。

在熊市环境下,仅把注意力放在最大获利可能的交易上,并且相对于你在牛市中的交易活动,总体上要把操作保持在一个较低的水平上。*你需要有足够的耐心静候市场为你带来风险最小化的交易机会,不出人意料的是,这样的时机发生于趋势在多重时间周期上达到校准统一时。*

在熊市中降低交易仓位是另一个一般原则。熊市中幸存是首要考虑因素,因为"逼空反弹"和在下跌中持有不断贬值的多头仓位一样能让人损失惨重。在逼空行情中,流动性可能会变得较为稀薄,如果不想带来负面的市场冲击成本的话,仓位过重会让平仓操作变得非常困难。*股票的一些最为迅猛的反弹就发生在下降趋势中,尽管这些下跌趋势中的反弹往往会无疾而终*,但我们也没有理由在这一过程中继续持仓,去承受损失带来的让人痛苦的折磨。逼空反弹源自市场上高度紧绷着的情绪,一开始只是些出于捡便宜货心理的人在少量买入,之后更多担心错过底部的场外资金被吸引进场做多。这样逐渐形成的上涨势头诱使弱势的空头(比如我自己)

赶在利润蒸发或者损失加大之前进行回购平仓。随着买方压力的加大，卖盘也被从市场上撤走，其他空头不得不开始追高回购。如今已变得贪婪的多头把手伸得更长买入更多的股份，陶醉在"邪恶的"空头也会有今天的喜悦当中。

但是这样的反弹并不是建立在"自发的多头"为长期持有而买入的稳固基础上的，因此通常很快就会失败，这也是为什么只有那些最激进同时最有纪律性的交易者才适合接近这样的反弹机会。趋势交易是保持持续盈利更安全的方法，所以不要让你自己被这样的快速反弹所诱惑。相反，真正机敏的空头趋势交易者会抓住这样的反弹时机，等势头一旦减弱就着手重建卖空仓位。

空头趋势校准

在趋势校准统一时做空是风险最小化、盈利可能最大化的交易行为。无论我们做多还是做空，市场最基本的周期性结构永远不会发生变化。在下一节中你一定会注意到，做多和做空在操盘计划、启动执行和持仓管理上都有着诸多的相似性。

本章中使用的例子均是参照波段交易者的时间周期，如果你计划在其他时间周期上进行卖空操作，请参照图 12.1 来根据你的目标找到应该使用的适当的时间周期。

阶段 4——日线时间周期——确定交易标的

卖空交易的第一步是找到一只处于明确的阶段 4 下跌中的股票。当选择做空交易时，理想化的情况是大盘、板块和该只股票都处于下跌当中。和我们寻找不同时间周期上的趋势统一相类似，在某个板块整体表现弱势时卖空板块个股的获利可能会更高。若板块中的个股普遍表现得比较颓势，这就极大地降低了其中某只个股的下跌是出于一次性暂时原因的可能性。

针对波段交易标的，我们的搜寻始于日线图，目标是找到不断拉低的高点和不断拉低的低点这一形态。最佳目标位于下行中的 10 日、20 日和 50 日移动平均线下方，并且这些移动均线依次处于后者之下呈现出空头排列，即 10 < 20 < 50。如果股票在更长的时间周期上（周线）也位于关键的移动平均线下方就更好了，但是不要出于周线趋势的原因而把一只股票排除在波段交易标的之外。等到周线时间周期上的趋势赶上来的时候，这笔交易很可能已经完成退出了。把股票也位于周线上所有下行中的关键移动均线下方作为锦上添花的一点来考虑就行了。如果上述对你来说颇为熟悉，这是应该的，因为它是我们在计划多头操作时所寻找的形态的反面镜像。

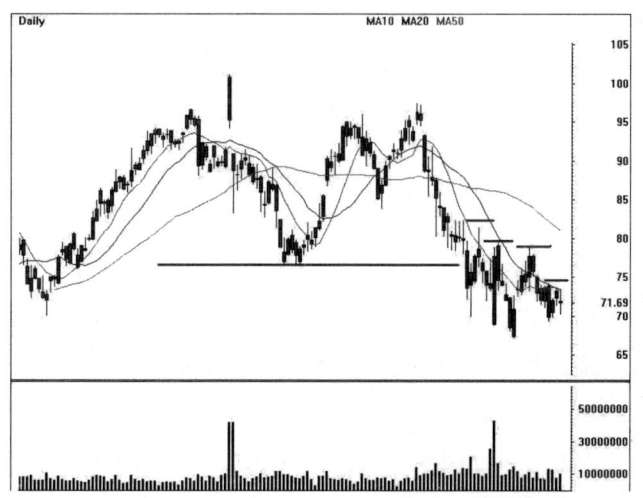

图 13.2　上图中的股票正处于一个清晰的下降趋势中①，10 日、20 日及 50 日移动均线均在下行。该股是一个很好的卖空标的。供图：RealTick

---

①　该图为日线图，图中红线为 10 日移动均线，蓝线为 20 日移动均线，绿线为 50 日移动均线（译者注）

多周期技术分析——了解市场结构，跟随趋势盈利

by Townsend Analytics

30 分钟时间周期

一旦一只股票被确认为潜在的做空交易标的，接下来要做的就是进一步下探到中线时间周期，例如涵盖了 15 至 20 个交易日数据的 30 分钟分时图。研究中线时间周期的主要目的是根据股价走势确定潜在的阻力位和支撑位，用以测算交易的风险收益率。

在建立空头仓位时，你总会希望在市场刚一表现出短线颓势时即行卖空，并且只要下降趋势在持续就一直持仓。当一轮新的下降趋势开始后，你的首要目标是保障本金的安全，最初的保护性止损位应确保在测算得出的风险收益率基础上任何亏损都在可承受的范围内。对一个空头仓位而言，最合理的止损位正是建立在下降趋势的定义之上的——即"不断拉低的高点和低点"。如果股票在 30 分钟线上突破了重要的阻力位，就不存在任何继续做空的理由了，因为走势已经不再符合下降趋势的定义。一旦趋势改变而你选择继续持仓，你就不再是一个趋势交易者。当股价创出新高，这传递出买方已经控制住了短线趋势的信号，这就消灭了你当初放空时所具备的任何优势。

30 分钟时间周期不但可以使我们清楚地识别重要的阻力位用以设置止损位，还能让我们更清楚地看到当股票恢复下跌后，在何处可能获得买盘的支撑。这个位置就成为确定下跌目标价位的基础。

我们在进场前测算风险收益率时，应该问自己两个问题：这只股票是从哪里走到目前这个位置的？它又有潜力走到哪里去？对从哪里来这个问题的回答使我们有机会确保我们不是在股价已经刚刚经历过一轮短线下跌之后再继续杀跌。我们期望的介入点是在一段时间的横盘小幅震荡之后，这样即便股票不跌反涨的话，也会在上方不远处遭遇潜在的卖压（最近的反弹高点附近）。

第十三章　何时及如何卖空

关于股价将走向何处去的答案建立在股价30分钟时间周期上最显著的支撑位的基础之上，问这个问题的目的是希望找到一个客观的下跌目标价位。自然，在做空时我们希望看到股价冲破所有位置上的支撑一路狂跌不止，但是我们需要把我们的情绪因素尽量排除在衡量的天平之外，对下跌势头可能放缓的区域保持必要的警惕。

图13.3　对图13.2中的股票进一步的考察使我们确认其正处于日线级别的阶段4下跌颓势之中。上图的30分钟分时图显示65期（5日）移动均线正在下行，最近的阻力位于73.50美元附近①。股价向上突破73.50美元将会使下跌趋势失效，因此止损位应设置在比该价位稍高一点的地方（相对于目前71.69美元的股价，每股大约承担1.80美元的亏损风险）。因为在日线级别上的主流趋势是走低，我们预期股价将继续创出"新低"并将以此作为目标价位。在设立下跌目标位时，为了保守起见，我们预期股价将跌到近期的最低位67.00美元附近（距离目前价位向下大约4.50美

---

① 该图为30分钟分时图，红线为7期移动均线，蓝线为17期移动均线，绿线为33期移动均线，黑线为65期移动均线。图中标记"STOP"处为止损位，标记"CONSERVATIVE TARGET"处为保守目标价位。（译者注）

元的距离）。因为我们使用了前期低点作为目标价位而不是假设股价将进一步创出新低，1∶2.5 的风险收益比（译者注：即 1.80∶4.50）应该是一个进行卖空操作的可接受的比率。供图：RealTick by Townsend Analytics

跟踪交易：10 分钟/5 分钟时间周期

一旦我们在中线时间周期上测试得出了一个可接受的风险收益比，下一步就是确定短线趋势以找出一个更精准的卖出价位，之后进行持仓管理。当我们在 10 分钟时间周期上观测到股价运行四个阶段的存在时，我们的买入和卖出操作就将受这些不同阶段的指引。针对一只卖空标的股，当它进入阶段 3 派发时我们就开始对它进行最谨慎的分析，为了找到合适的介入点而对其进行持续跟踪。

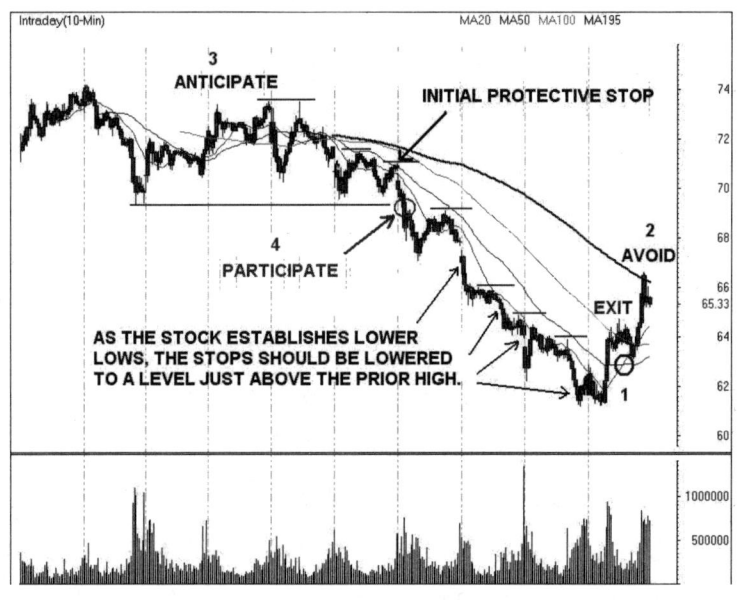

图 13.4　该 10 分钟分时图中的股票是我们之前在日线图和 30 分钟分时图上分析的同一只股票，此图显示了股价在 10 分钟时间周期向下突破的

情况①。适当的介入点产生于当股价在 69.00 美元附近创出新低时（图中红色圆圈处）。距此处最近的反弹高点位于 71.00 美元附近，止损位应当设置在比这个价位稍微高出一点的地方。你会看到股价突破后向下快速跌了 2 美元，在这最初的下跌之后就是一个很好的平掉部分空头仓位的时机，目的是锁定一部分利润以降低整体风险。在股价从快速下跌中部分恢复后，卖方又迫使股价再度下跌创出新低。随着新低的不断出现，剩余持仓的止损位也应当有条不紊地顺势下移到最近一期反弹的高点上方。最后你将看到剩余持仓在 64.00 美元附近被止损平仓（距离卖空价位向下大约 5 美元的距离，并且超出了最初设定的目标价位）。股价在 64.00 美元附近创下的新高也导致了移动均线的交叉上穿（图中的蓝色圆圈处），这又多给了我们一个回购平仓并锁定利润的理由。供图：RealTick by Townsend Analytics

针对卖空交易，我们的分析总是始于研究在日线时间周期上处于阶段 4 下跌中的股票。下一步是在 30 分钟时间周期上测算出风险收益比。最后，我们观察股票在 10 分钟时间周期上的趋势，在这之上每一个短线阶段应采取的适当操作见以下描述：

阶段 3（派发阶段）——观望

当股票在日线级别上的趋势处于阶段 4 时，在 10 分钟时间周期上观测到阶段 3 表明应对买方重新获得短线趋势的控制权高度警惕。当处于主流（日线级别）下跌趋势的股票在 10 分钟时间周期上被派发时，是走势最可能向下伸展的时候。然而，此时建立空头仓位还为时过早，因为股票尚未

---

① 该图为 10 分钟分时图，红线为 20 期移动均线，蓝线为 50 期移动均线，绿线为 100 期移动均线，黑线为 195 期移动均线。图中的标注：3 为"观望"，4 为"参与"，1 为"退出"，2 为"规避"；"INITIAL PROTECTIVE STOP"处为最初设定的止损位；下方的四个黑色箭头表示随着新低的出现，止损位应该顺势不断下移到前期高点上方（图中的红色横杠处）。（译者注）

表现出下行的势头。

短线位于阶段3表明市场处于犹豫不决之中，此时的风险最有可能的表现形式是对时间的消耗。然而，这样的股票有时候确实会反身向上走高，过早进场建立空仓的代价就会相当惨重。在这个犹豫期，你应该积极地"跟踪这只股票"，寻找卖方变得更加激进的迹象并提高警惕，例如，放大的成交量，被不断拉低的反弹高点及更加频繁的考验短线支撑位。

阶段4（下跌阶段）——参与

一旦股价向下跌破了派发阶段的短线支撑位并创出新低，就到了卖空这只股票的时候了。创下的第一个新低确立了卖方的主导地位，在这个点位进场做空可以使我们在*下跌走势刚一开始的时候就加入不断发酵的弱市中来*。此时新的下跌势头开始显现，短线下降趋势得以确立。如你我所知，趋势一旦确立，就更可能持续下去而非反转，尤其是多重时间周期上各自的趋势得以校准统一：即卖方掌握了对长期、中期及短期趋势的控制权。

在卖空操作时我总是使用限价单，但限定的价格并不一定是第一档买盘报价。有时候股价看起来在向下突破但是买盘很稀薄，我就会使用领先限价单来获取更大的价格空间，以使空单得到执行。例如，假设当前买一报价是25.50美元买入500股，下一档买二报价25.48美元买入300股，买三报价25.47美元买入600股，买四25.45美元买入200股，我的空单是在25.45美元卖出2000股股票。此单将吃掉25.45美元及以上所有的流动性（共计1600股），剩余的400股挂单就成了目前市场上最高的卖出报价。这种情况下，就必须有人在这个价位上主动买入，我的挂单才能全部执行完毕。

在这种情况下使用领先限价单有几个优势。首先，我得以从其他反应较慢的交易者手中"窃取"流动性。其次，我在这一关键位置上激进的操作也许会影响到其他市场参与者使其从市场上把挂出的买单撤掉或者促使其他空头进一步杀跌股价。

一旦建立完毕空头仓位，接下来就要关注市场上的交易活动，以确认下跌趋势可以持续。这里再次参照下跌趋势的定义——不断拉低的高点和低点——在决定获利平仓前你应该容许股票在 10 分钟时间周期上进行*正常的调整*(只要不突破最近一次反弹的高点)。

在锁定利润方面，我处理空头持仓的方法与多头持仓一样。在股票经历短线快速抛售之后，我通常会进行回购来平调一小部分仓位——最多能达到总仓位的四分之一到三分之一——这能让我在股票之后的走势中从容不迫。如果正在展开的下降趋势突然发生反转、股价开始反身向上，希望我已经实现的利润足以让我把剩余持仓的止损位向上抬高至盈亏平衡点。这可以保证一旦我剩余的持仓被止损平仓，我在这只股票上不会有任何亏损。在另一方面，如果我的剩余持仓并未被止损平仓，我要做的就是保持足够的耐心静候股价恢复下跌趋势并*随机应变顺市下移止损位*。

回购*止损单应该以股价图为基础设置在合理的位置上。利用下降趋势的定义，我把止损单设置在股价最近一次遭遇阻力的价位稍微往上的地方。只要股价在 10 分钟分时图上继续保持不断拉低的高点和低点这一形态，就没有合理的理由平掉全部的空头持仓。如果股价达到了回购止损位，要迅速接受损失，不要犯下撤掉挂单重估风险的错误。如果你在进场交易之前就做过必要的分析工作，此时就不要让新的价格走势使你变得情绪化。一旦制定好了交易计划，就不要因为股价短时间内未能如你所愿而轻易做出改变。做空时唯一需要调整止损位的时候是当市场走势向着有利于你的方向时，你通过下移止损位来降低风险或者保护利润。轧空行情可能会不期而至，你最初的止损位带来的少量损失可比让一笔失败的交易一路攀升到失控的程度有利得多。记住，大幅亏损是不可接受的!

当股价跌到目标价位时，我通常会再平掉一部分仓位。如果股票在目标位确实获得支撑，回购一部分空头持仓可以锁定一些利润，而剩余部分持仓将来也能有足够的流动性来平掉，不至于在回购时不得不推高股价。

当你卖空的股票发布了利空消息时，获利的感觉会非常好。如你我所知，消息和突发事件倾向于迎合趋势运行的方向，而且消息的发布通常会在一轮短线趋势即将终结时。如果你足够幸运卖空的股票因为基本面的变化而跳空走低，此时不要被想象自己将会多有钱的情绪所完全笼罩，要知道精明的资金会借利空平仓。当广为流传的消息最终被公布并且股价猛跌，还会有人没卖吗？即便是"最愚蠢的资金"/最固执的参与者，其持有的股份也在利空消息发布时在一片挫败感中被迫抛给了市场。

消息有时确实也会导致一连串的下跌，但谨慎的做法是趁着情绪化的市场群体向出口奔逃时至少平掉你一部分的空头仓位。对任何剩余的持仓应该积极主动地去打理，以确保累积的利润不会蒸发掉。要记住"利空常常出现在底部"。

阶段1（蓄势阶段）——退出

正如你所知，下降趋势的调整也会有两种方式。如果股价在10分钟时间周期上突破了前期高点，短线下降趋势就不再有效；这是我进行回购平掉剩余空头仓位的线索。

股价的另一种调整方式是通过时间的消耗来调整。短线的时间调整往往会沿着主流趋势的方向进行，但是当走势在10分钟线上第一次显示出犹豫不决的迹象时（短期移动均线上穿中期移动均线），我就平掉任何剩余的空头仓位。短线处于阶段1的股票并不总会走向短线阶段2抬升期；然而这确实传递出了股价变动已经失去了动能的信号，该股在短期之内很可能不会继续走低了。作为一名追逐势头的交易者，我就此对继续参与这只股票失去了兴趣。

阶段 2（抬升阶段）——规避

当股票在短线上表现出不断抬高的高点和低点时，短期趋势是向上，此时没有做空的理由。当长期趋势是向下而短期趋势是向上时，在不同时间周期上趋势表现出方向性冲突，这只股票就不应该去参与。短线处于阶段 2（抬升）而长线处于阶段 4（下跌）的股票应当规避——暂时不要考虑卖空这只股票，直到其短线上的强势彻底耗尽，股票经过了派发阶段之后重新恢复下跌时。虽然股价很可能会再次继续走低，过早的进场卖空会让你暴露在大幅亏损的风险之下，而你的目标是要一直保持对自己有利的态势。与一个短到甚至只有两至三天的趋势为敌也会让你的资金承受不必要的风险。

以下是在三重时间周期上趋势校准的另一个卖空案例：

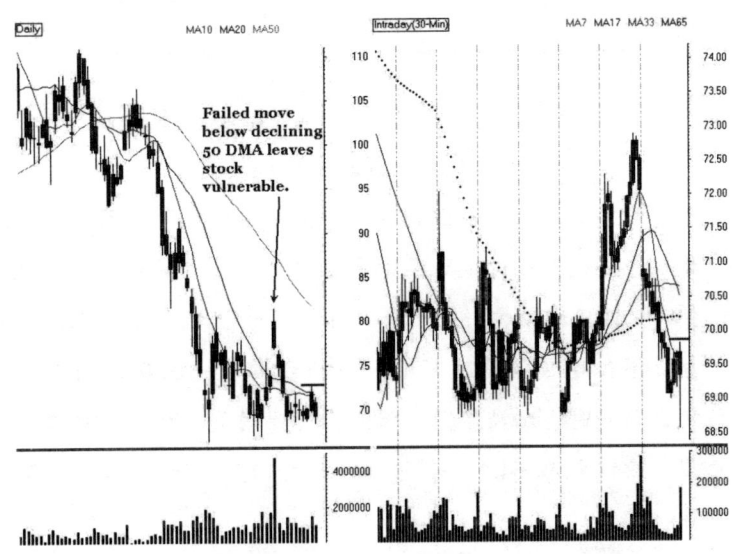

图 13.5　股票在日线图上处于一个明显的下降趋势中①，均线系统呈

---

① 左图为日线图，右图为 30 分钟分时图。（译者注）

现空头排列,即 10 < 20 < 50,在 50 日移动均线下方进行的最近一次反弹尝试通过右边 30 分钟图显示出更多细节。这是市场上的流行语"来得快去得也快"的一个生动的例子。股价向下突破 68.75 美元附近的低点让该股处于创出新低的边缘。在这个例子中,最差情况下的止损位很可能应该设置在正要恢复下行的 5 日移动均线稍上方的位置。供图:RealTick by Townsend Analytics

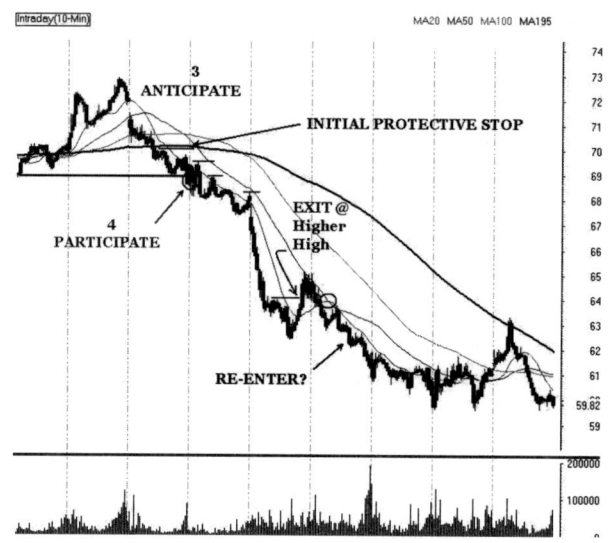

图 13.6 10 分钟时间周期可以帮助我们继续完善我们的分析①。适当的介入点在股价跌破支撑并创出新低时出现(图中红色圆圈处,译者注)。最初的止损位应该设置在近期的反弹高点稍往上一点的位置,这也是下行中的 195 期(5 日)移动均线的位置(70.00 美元附近)。随着股价不断地创出新低,止损位也应沿途不断顺势下移到最近一次反弹高点上方的位置。虽然卖出开始时还比较缓慢,但随后大幅增加。快速下跌之后的反弹到来,止损位应该能在 64.00 美元附近触发回购平仓(图中间蓝色箭头

---

① 该图为 10 分钟分时图。图中的标注:3 为"观望",4 为"参与"。最上方黑色箭头的标注为"最初设定的止损位";中间蓝色箭头的标注为"在抬高的高点处退出";最下方黑色箭头的标注为"再次进场吗?"(译者注)

处，译者注），但这之后股价却恢复了下跌而继续其下降趋势（图中蓝色圆圈处，译者注）。正如你所看到的，并不存在完美的技术，只有撒谎的人才能精准地买在底部，要专注于做出明智的交易决策，而不是逃顶和抄底。供图：RealTick by Townsend Analytics

第十四章　消息：认知即现实

你或许会纳闷在关于技术分析的书中为什么要新辟一章出来探讨消息。纯粹的技术派人士会采取一种思维保守的方式，认为"基本面无关紧要，因为股价图会告诉你一切"，正如许多专注于基本面的基金经理表达他们对技术分析的不屑一样（"读股价图就好像是在读茶叶一般"）。

而实际情况是，市场参与者在做交易时会通盘考虑基本面分析以及技术面分析，完全无视二者中的任何一个都会是愚蠢的。可别认为我有些骑墙了——这本书的95%都是专注于技术分析方法的，另外的5%就是本章。我所有把握交易时机的决策都是基于价格走势做出的，不是基于消息或者基本面因素。

思考问题是人类的天性。当人们不能马上理解某个事物的时候就会问"为什么"。市场也是一样。我们都试图从混乱之中找到规律，群体行为对消息的反应通常就是非常混乱的。我们常常会去寻找其中的规律而不是把注意力放在探究股价已然发生变动的原因上。

从个人的角度来说，我自己也想要知道在一般意义上人们为什么买股票。但更为重要的是，我想要预测人们下一步的行动会是什么，会在什么时候采取这样的行动，需要承担多大的风险以及如果我的分析是对的，我能获取多少利润。

在市场上，这些"为什么"的答案不会总那么易于理解，但幸运的是，对交易者而言这并不重要。如何解读某个消息及基于对该事件的看法而投入资金是非常一维的，正如同仅仅监测一位市场参与者的操作一样，一样单一片面。但如何正确地解读人性及群体行为才是技术分析全部的要旨所在。是什么导致了一位市场参与者买入或卖出在几天之后就会变得无关紧要。

历史已经一次又一次地表明没有人能大得过市场——还记得长期资本管理公司①、Amaranth 合伙人②、贝尔斯登公司③以及其他那些曾经号称"精明的资金"最后却在熊熊烈火中轰然倒塌的市场巨无霸吗？如果一个规模巨大的市场参与者试图移动一只股票——或者整个市场——它也许可以在短时间内做到，但是风险会非常大，因为该机构会持有巨大的仓位，一旦市场走势与其意愿迅速背道而驰，会很难变现退出。如果缺乏必要的风险控制机制的话，甚至最大型的市场参与者也会被迫关门大吉。顺便提一句，许多你在短线时间周期上成功交易的股票正是某个参与者试图将股价往特定方向上移动的结果。

---

① Long Term Capital Management (LTCM)，成立于 1994 年的对冲基金，与索罗斯的量子基金并称国际四大对冲基金之一。公司合伙人皆为业界和学界的明星级人物，其中包括诺贝尔经济学奖得主。在 1998 年俄罗斯金融危机中蒙受巨额亏损，不久之后倒闭。（译者注）

② Amaranth Partners，成立于 2000 年的大型对冲基金，2006 年因为对天然气期货合同的投资失利，在三周时间里损失了 60 亿美元而最终破产倒闭。该事件成为全球商品期货市场和对冲基金行业史上最大一起投机亏损事件。（译者注）

③ Bear Sterns，成立于 1923 年，华尔街排名第五的老牌投资银行，在 2008 年席卷美国的次级债危机中严重亏损，因濒临破产被摩根大通收购。（译者注）

第十四章 消息：认知即现实

基本面确实会引发市场参与者的反应

基本面确实会产生影响，因为它常常是引发一大群市场参与者进行买入或卖出操作的催化剂。许多技术派交易者会在股价向上突破阻力位时买入或者向下跌破支撑位时卖出。比这规模更大的是，会有更多的市场参与者基于他们对公司或其产品的认知而买入或者卖出股票。

消息公告是市场参与者重新评估其对公司的认识的最大触发因素，他们基于从新的信息中获取的价值评估想法和预期来对持仓做出调整。*消息引发情绪波动，情绪波动引发市场操作，后者可以在股价图上加以考量。*

在大学里，老师教我们通过基本面分析来评估一家公司，而技术分析几乎没有被给予任何关注。在商学院我学到了很多东西，但是几乎没有什么能帮助我成为一名优秀的交易者。基本面信息对我获取交易成功*仍然发挥作用*的地方是把握什么时候应该关注这些触发因素，因为它能使我更深入地了解那些专注基本面分析的群体的心理。

我的确相信"市场无所不知"及"消息和突发事件倾向于迎合主要趋势运行的方向"。技术分析的原则之一是市场是一个预期未来发展的机制，它对已经发生过的事情打折。无论市场是在预期6到12个月之后的经济状况还是某个商品的生命周期，*精明的资金总会试图提前埋伏好来利用人们在消息公布时做出的情绪化反应*。金融分析是一个规模很大的行业，机构们每年花费数以百万计的美元获取信息和对未来经济、板块及个股的深度分析——这么做的理由相当充分，他们的目的就是在"利好消息"被大多数市场参与者知晓之前就买入吸筹，等到消息发布时借股票量价齐升的机会卖出获利。

当利好消息被公告时，通常是投资大众从专业人士手中买入。而当利空消息发布时，硬币翻面，这时往往是专业人士从处于情绪化反应中的投资大众手中买入。精明的资金会在牛市暂时性回调时买入，在熊市时利用短线反弹卖出手中的多头持仓。常常看到强势的市场会无视利空消息（"在一片质疑声中继续攀升"），而弱势的市场会快速做出剧烈反应。熊市则会无视利好消息，沿着"希望破灭的通道"继续下滑，充其量只是做出有限的热烈反应。

如今信息的接近瞬间传播可能会是缺乏纪律性的交易者最大的噩梦。缺少经验又未受过专业教育的市场参与者——"蠢蠢的资金"——是最有可能因新闻头条、聊天室流言所惶动的，市场会当仁不让地用亏损来对他们不做预习功课加以惩罚。简单地说，职业选手进行事前预测，而业余选手只是事后做出反应。

解读消息

如前所述，情绪是交易的敌人。无论看似利好还是利空，天花乱坠的新闻报道都很容易让人身不由己。放慢脚步，在内心追问自己几个关于消息的问题可以帮助你避免做出膝跳反应式的买卖决定。

- 该信息在发布前是否已经被"市场定价到股价中了"？如果股价在公告前数天已经发生了重大变动，那么这变动最终失败的可能性很大，因为预见到该事件的市场参与者会利用公告发布的机会卖出变现，因此会打压掉之前的价格变动。

- 它算得上新闻吗？有时候小公司会把新闻公告"重新包装"以期获得比之前发布时更高的市场关注。小公司也会试图在公告中和大公司建立起某种关联以使自己看上去更正规，激起过度乐观的市场参与者们的情绪化反应。对于一些轻信的买方来说，很不幸的是，新闻公告有时会被用来激发公众兴趣，而实际情况或许并没有看上去那么乐观。

- 当以前有类似的消息发布时股票的反应有模式可循吗？每个季度的季报发布就是个很好的例子。

回答这些问题和其他类似的问题可以让你面对新闻头条时停顿一下，把问题考虑周全后再决定是否投入资金交易。相比了解一家公司的基本面信息，你应该对了解市场参与者的心理以及是什么促使他们进行买卖投入更多的兴趣。

市场是如何反应的

消息（关于经济或个股）发布后，交易者不应该对解读该消息有太大的兴趣，而应该更多地关注市场如何对其做出反应。掌握了这一点后，就会比较容易决定是无视该消息而只关注价格走势，还是寻找低风险的介入点进一步深挖随后的动向。

对价格的反应要谨慎对待。等待市场先消化掉短期的情绪化反应，之后关注逐步展开的市场走势来决定是否会持续存在长期的影响及如何以低风险的方式对其加以利用。以下是消息公告后一些常见的走势：

- 市场反应*最终归于平淡*（见图14.1），走势再无大的动作（避免这类股票）。

- 重大消息能*引发一轮新的趋势性行情*。如果股票在消息公告后突破了长期的盘整阶段，新一轮趋势将很有可能持续下去，尤其是当突破伴随着放量时（见图14.2）。

- 当股票已经处于一轮确立的趋势性行情之中，公布消息常常会促使足够多的市场参与者采取行动，*加速现有的趋势*。

- 偶尔真正的突发消息会让很大一部分市场参与者措手不及，市场情绪会发生如此剧烈的变化以至于股票当前的趋势有可能逆转。

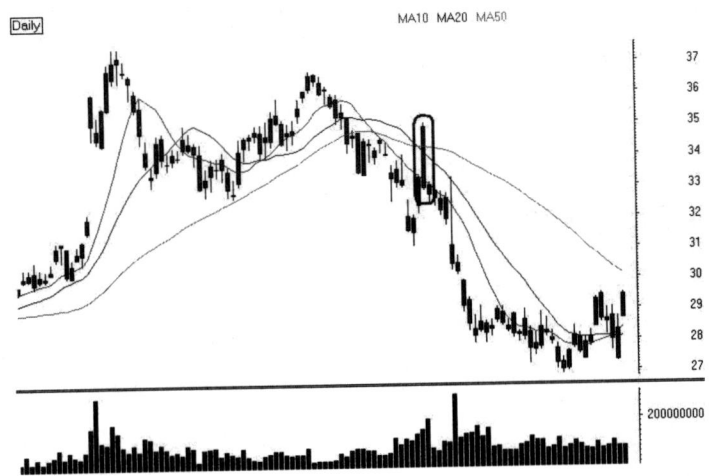

图14.1　财报披露后股价跳空高开，但是卖方得以把股价打压回下行的50日移动均线下方。① 最初的涨幅得而复失，迫使更多情绪化的卖方涌入市场，股价崩盘。供图：RealTick by Townsend Analytics

以下是一些潜在的重大催化因素，你应该一直保持关注：

财报

财报披露是导致个股变动的最重大的触发因素之一，应知晓你所交易

---

① 该图为日线图，美股K线图中阴线以红烛表示，阳线以绿烛表示。（译者注）

第十四章 消息：认知即现实

的股票将要披露财报的日期。上市公司每三个月都被要求编制财务报表并提供给公众有关其目前财务状况的信息。大多数公司都在季度末准备这些财务数据，把财报准备好后提供给公众通常需要一至六个星期。绝大多数公司报告财务结果的时期被称为财报季。

财报季其实在向公众披露实际结果的两到三周之前就从"财报预警"开始了。当公司意识到他们实际的运营结果可能并不如之前预计的那样，公司就会通过发布"预警"尽量把消息提前迅速透露给市场。这些预警消息会让许多市场参与者措手不及，他们做出快速并且时常是剧烈的反应，一起同时涌向出口。虽然财报预警只是提前了市场对消息的反应，这是华尔街上的一个传统，它有助于发布预警的公司在困难时期获取市场"信任"，也有助于让股价有更多的时间从不好的财报中恢复过来。

对于个股而言，财报披露是一个催化剂，它能导致一大批市场参与者重新评估其对股票价值的认知（见图14.2）。盈亏消息能对股票价格造成灾难性的影响，也能让股价飞涨，这就使得在财报季交易股票比在一年当中的其他任何时间都更为动荡。尽管消息和突发事件倾向于迎合趋势变动的方向，市场中偶尔也会有地雷。在这些重大事件之前降低仓位可以规避踩雷的风险。最显而易见的做法是直接找出一家公司将要发布财报的日期，确保你在报表披露之前不持有这家公司的股票。

从宏观的角度看，经济报告也经常会对资产定价产生巨大的影响，你需要知道其中一些常见的报告。作为一名交易者，你的目标不应该是成为解读发布的每一项经济数据的专家；把它留给经济学家吧。你的工作是解读这类催化剂的市场反应，然后在事先确定的技术位置上制定一个应对市场反应的低风险策略。

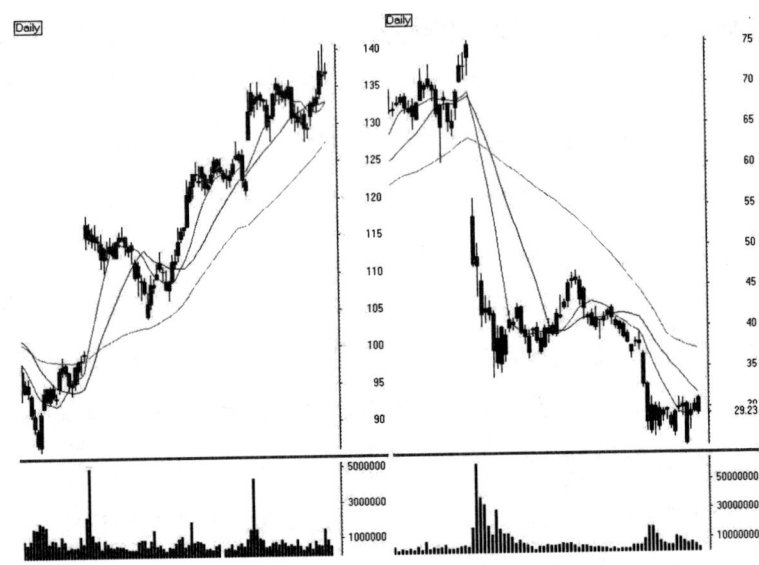

图 14.2 财报是基本面派投资者重新评估对股票价值看法的主要催化剂之一①，对财报的最初反应常常转化为持久强劲的趋势。供图：RealTick by Townsend Analytics

美国政府经济报告

这些数据按照不同的政府主管部门分门别类并在东部时间上午 8：30 对公众披露。这些经济报告也能导致情绪化的交易，在期货市场上引发膝跳反应并影响股票交易。

劳工部：
就业形势报告
居民消费价格指数（CPI）
生产者物价指数（PPI）
进出口价格指数

---

① 两幅图均为日线图。（译者注）

第十四章 消息：认知即现实

生产率和成本指数

商务部经济分析局：

国内生产总值（GDP）

贸易差额

经常账户余额

个人可支配收入

个人消费支出

联邦储备委员会政策会议和政策变更

美联储公开市场委员会（FOMC）一年定期召开八次会议，另外必要时还会偶尔召开"紧急会议"。这些会议的纪要在政策制定三周后对外披露。这些会议的影响被市场广为预测并能引发市场定价的一些最为重大的转变，会议纪要的披露同样也会导致市场参与者基于公布的会议细节对资金进行重新配置。

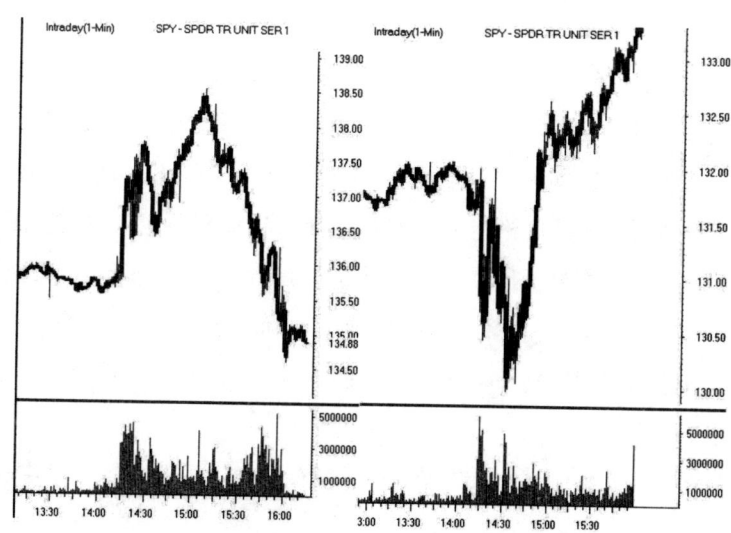

图14.3 美联储公开市场委员会通常在东部时间下午2：15对外宣布

对货币政策做出的变更①。在公告刚一发布时,市场交易会变得极为动荡。

供图:RealTick by Townsend Analytics

其他需要知道的对个股具有潜在影响的消息和事件

- 股东年会
- 拆股
- 股份回购计划
- 分析师调整评级
- 行业会议
- 食品和药品监督管理局(FDA)报告
- 公司内部人员股票交易

当存在重大不确定性时,市场会变得更为动荡不安,情绪化的市场参与者读遍各类消息报道试图寻找澄清事实的线索,而它实际上或许并不存在。这时要学会专注于价格,如果股价走势不够清晰,持现静候低风险介入点的出现是你最好的选择。

而且不要把你认为的好公司和好股票混为一谈。迎合你交易方向的股票是好股票。不存在好公司,只有好的交易。*像基本面派那样思考,像技术派那样交易*。知道别人为什么对一只股票感兴趣会让人觉得心里有底,但参与之前必须要通过价格走势来确认,无论这消息看起来是多么的利好或者利空。还要注意为了持续不断地尽量满足读者对市场走势的疑问,媒体会对解释市场变动的"原因"着了迷。然而,你可不要对媒体报道着迷,它会挤掉你理性计划下一步操作的时间。

作为交易者,我们的工作是客观地观察我们交易的股票中存在的供求

---

① 两幅图均为1分钟分时图。(译者注)

不平衡，并利用这种供求不平衡所造成的趋势性走势获利。把背后的原因留给记者和学术界去辩论，让我们继续忙着交易从市场中收获利润吧。要认真倾听市场的声音！

第十五章　轧空

在下降趋势中卖空股票是一项关键技能，并且是一项时常能获利颇丰的战略。正如第十三章关于卖空所强调的，如果你是一名职业交易员，当市场环境要求时，你要愿意进行卖空操作。虽然卖空有一些需要格外注意的事项，但如果你忽略市场上空头一方的话，你就是在限制自己的交易机会。

做空的最好时机是当市场整体上处于阶段 4 下跌之中——当你的股票所归属的行业也处于下降之中并且这只股票本身显示出弱势时。当然，即便板块或大盘没有走低，下跌的个股也会存在着很好的卖空获利机会。除非你想成为轧空的受害者，不要因为你觉得一只股票"涨得太多""市盈率太高"或者其他主观性的原因而卖空一只股票。

当一只股票被卖空时，要知道卖方代表着未来对该股票的需求，因为他们必须在将来的某一天或者为了获利退出或者为了减小损失而回购卖空的股票。卖空的吸引力很容易理解，因为股票下跌会比上涨更迅速、更猛烈。原因很简单：与出于贪婪而买进相比，恐慌是促使人们卖出的一个更为强大的驱动力。

与任何对走势方向下注的策略一样，卖空也存在着风险。对空头卖方而言最大的风险是股价不跌反涨。被大举卖空的股票其价格如果上涨的话，常常会导致股价进一步更为剧烈的上扬，因为损失不断攀升的空头为了降低亏损而不得不回购股票，这会再度推升股价。

空头回购的主要动力在于对没有上限的亏损的恐惧。当你以每股20美元的价格买入股票时，你最大的可能损失是20美元/股。但是当你以20美元每股的价格卖空时，理论上潜在的损失是无限大的。股价可能会上涨到40美元，空头损失就是100%，或者股价会这样一路攀升到更高的价位。恰是对这种上涨的恐惧导致被大举卖空的股票产生爆发式上涨。*被严重卖空的股票其价格快速上涨的现象被称为轧空*。

如果你曾卖空过价格不断上涨的股票，你就能理解高涨的股价会给被套的空头带来的那种恐惧感。要是你发现自己不幸处于这样的情形之下，最好的赌注是把你的情绪抛至一边，回购平仓，接受损失并再次发誓以后永不与趋势为敌。能够非情绪化地自愿快速止损是成为一名真正的专业人士的标志。让我感到无法理解的是明明处于上升趋势中的股票却带着一大堆在低价时就建立起来的卖空仓位。出于卖在终极顶部的希望而站在一股强劲上升势头的对立面的逻辑是什么？与之相反，为什么不等到下降趋势完全显现出来的时候再做空呢？

卖空比例

在探索轧空的实际动态关系之前，让我们先来了解一些关键的术语并学会分析卖空数据。卖空比例（简称SIR），或者称之为平仓天数，是用一只股票被卖空的股数除以该股过去两个星期的日平均成交量计算得出。卖空比例被解释为，以该股的日平均成交量为基数，回购所有被卖空的股份在理论上所需要的天数。我用了"理论上"一词是因为在现实中，空头不会是市场上唯一的参与者。其结果是，通常需要花费更多的天数来回购这些空头仓位。卖空比例越高,空头回购平仓的难度就越大,因为他们的回购操作将会助力推高股价,反过来危及他们自己的空头持仓。

如何计算卖空比例的数字例子:

- 假设在一只股票上空头卖空了480万股,该股的日成交量为80万股,则卖空比例为6.0,这意味着空头卖方需要6整天的日均成交量来平掉他们的卖空仓位。

- 再假设同一只股票的日均成交量为240万股,则卖空比例变为2.0,或者说回购平仓需要两天的时间。

- 现在假设同一只股票的日均成交量仅为20万股,卖空比例就成了24,意味着空头需要花上24天的时间来回购平掉空仓。

从"被套"空头的角度看,卖空比例越低越好。相反,从其对手盘的角度看,较高的卖空比例更有利,因为空头平仓将更加困难,其回购操作就有可能导致股价强劲的上涨势头。

需要指出单是大量的卖空仓位,或者说较高的卖空比例其本身并不构成预期会轧空而买入一只股票的理由,消息灵通的交易者们需要共同指向价格上涨的指标占数量优势时才有主动权。然而,卖空比例确实可以作为对股票潜在需求的一个很好的衡量要素,每一位交易者都需要装备这个工具。

在一只股票上建立起大量卖空仓位的空头通常是经验丰富的投机者,他们在事前已经对做空标的公司做了大量的研究工作并且他们往往都是对的。许多时候,从基本面角度看空头做空的想法都是对的,但是对做空时机的把握往往不准。卖空一只股票的正确时点是当它或者已经处于或者正在进入一轮下降趋势。如果在一支正处于上升趋势的股票上建立卖空仓位，亏损攀升到失去控制的可能对空头来说是真真实实存在的。

轧空何时会发生

当空头最初基于股价下跌预期而卖空了一只股票，之后因为改变了看法而趁着市场还未推高、损失还不大时试图进行回购平仓，这时轧空就开始形成。

轧空的发生常常源于某个消息事件改变了投资者对公司价值的认知。轧空也可能因为多头持仓者试图推高股价来引发被套空头进行情绪化回购而发生。

如果你曾卖空过一支持续上涨的股票，很可能在某个时点上你会对继续持有卖空仓位而感到恐惧。为了消除不断攀升的损失和继续持有带来的精神折磨，你成了一个慌乱的买家。这并非不常见。随着持仓损失的不断扩大，正是恐慌性回购快速推高了股价，导致空头卖方被"倾轧"。

有时空头卖方也会处于被券商强制要求回购卖空股票的境况。"强制回购"的原因有两个：第一是补充保证金的要求。当空头持仓的累积亏损大到客户投入的本金低于交易所要求时，市场监管机构——证券交易委员会（SEC）和全国证券交易商协会（NASD）等——规定券商需要向客户要求存入更多的交易保证金或者回购股票平仓。无论你是做多还是做空，绝不要让你自己落入被要求补充保证金的境地。如果你曾在做多或者做空时接到过补充保证金通知的话，这意味着你需要在资金管理方面多做些工作。

另一个强制回购的原因是卖空的股票不能再继续被借入了。当之前允许自己的股票被借出卖空的多头持有者需要变现其持仓时，借入这些股票

第十五章 轧空

做空的空头卖方就会处于"裸卖空"的境地,而这是违法的。这种情况发生时,券商就要求空头卖方或者借入其他人的股票维持其空仓,或者强迫空头客户回购股票归还给多头。要是空头卖方无法借入其他人的股票的话,证券法规就要求他们从市场中回购股票,否则券商会替他们回购。

强制回购也是空头卖方面临的一个更为凶险的轧空方式。如果大规模的多头持仓者想要给空头卖方造成最沉重的打击的话,他们开始会允许借出自己的持股,但只是到多头买方掌握了趋势控制权的时候。假设某只股票上的多头机构持仓者(比方说持有一百万股)突然要求归还之前借出的股票,借入股票的空头就处于不得不寻找新的股票借入的尴尬境地。否则就必须平仓回购之前卖空的股份。无论哪种情况,都是相当困难的处境。如此无情的归还要求在对空头施加压力上相当有效。事实上,是多头持仓者给空头设计了这场轧空。

借出股票给空头卖空是一些券商的收入来源之一,尤其是借出一些市场上热门股的持仓可以向客户收取高额的费用。大多数的投资者都是以"街道名"买入股票,也就是说券商名义上持有这些股份。如果股票是通过保证金账户(即透支账户)购入的,那么就使得券商拥有"抵押"权,可以把这些股份借给想要卖空该股的其他客户。

另一种可能是投资者买入股票后要求发放正本股权证,但这非常少见。也可能会有人要求股票以常见名持有但是不允许被借出卖空。如果你开立一个不可透支的"现金账户"(因此也就不存在股票抵押协议),你的持股也不能被借出。

另外一种防止你的多头持股被借出卖空的方法是在你认为几乎不可能达到的价位上输入一个"撤销前一直有效"的卖单。例如,你的股票目前的成交价格是20元每股,你可以挂出一个卖出价为50元的撤销前有效的卖单。由于你的持股有一个待执行的卖单,券商就不能把你账户里的这只股票借给别人。

轧空的第一种情形

我认为存在着两种不同类型的轧空情形。第一种我称之为**膝跳反射式的情绪化轧空**（见图 15.2）。这种轧空情形发生在处于下跌之中且存在有大量空单的股票上。当一只股票处于明确的**阶段 4 下跌**中且伴有大量的卖空仓位时，空头卖方控制着趋势，空头累积的大量盈利使他们不大可能在强势一旦出现时就恐慌回购。要知道空头卖方可能是地球上最有头脑的一群人，而且他们有可能是对的。当股价下跌时，他们会捷足先登并且把空头持仓一直保持到——在最极端的市场下跌情况下——公司宣布破产倒闭股票摘牌的时候。

处于阶段 4 的股票可能会发生迅猛的反弹，但这种短线爆发通常会以失败告终，因为长线上的卖压太过强大而无法攻克。当一只股票被猛烈抛售了一个星期或更长的时间后，通常会看到空头回购的情绪化爆发。股票在经历了一轮令人恐惧的无情抛售后，已经穷尽了市场上所有的卖盘。另外，持续下跌的股价也吸引了短期追逐势头的交易者在短线低点附近累积起额外的一堆空仓，他们的自信心随着短线利润而膨胀。终于市场上卖盘供给的缺乏推动空头开始回购平仓，但是由于供给不足，他们的买入行为将会把股价推高。空头回购导致的最初的强势会吸引场外短线资金也进场抢个快速反弹。随着空头和多头交易者开始争抢市场上有限的卖盘，股价在短时间内快速上涨。

这样的短线反弹确实能带来相当不错的短期收益，但是由于长线时间周期上的主流趋势依然在下行，抢短线反弹的风险会很大。最好是把这种机会留给那些专注于最短时间周期、风险承受能力最强的交易者们。最佳行进路线是保持在主流趋势的方向上，而不是探索这些危机四伏的水域。

从更广泛的视角观察卖空行为

应当知道当一只股票被卖空时,交易所规定券商必须要做记录。券商一个月内要清点两次其客户尚未平掉的所有空仓并把数据发送给各相关交易所。交易所会把这些券商所有的数据整合起来在每个月的 15 号和最后一个自然日对公众发布。参看下图 15.1 来获取对这类数据的一个大概的概念。我常访问获取卖空数据的免费网站是:www.nasdaq.com

	Date	Short Interest	Avg Volume	S.I.R.	VWAP
9	2/29	21,275,047	2,651,156	8.02	17.68
8	2/15	19,867,817	2,559,249	7.76	18.52
7	1/31	17,871,618	4,345,058	4.11	20.91
6	1/15	19,007,950	2,866,400	6.63	23.36
5	12/31	19,276,055	1,492,816	12.91	27.24
4	12/14	17,035,558	1,886,753	9.02	29.9
3	11/30	17,776,362	2,426,715	7.32	29.36
2	11/15	13,937,413	1,852,338	7.52	32.9
1	10/31	12,091,492	1,660,065	7.28	34.88
	10/15	11,670,909	1,195,727	9.76	

图 15.1 卖空数据表。图中最左列的序号(9 至 1)为确认空头卖方们是何时提高的仓位提供了一个视觉上的参考(见下图 15.2 中 9 至 1 的标号)。图释(表头由左至右,译者注):

1. Date:一个月两次公布数据的日期(月/日,译者注)。

2. Short Interest:被卖空且尚未平仓的总股数。

3. Average Volume:过去两周的日均成交股数(移动平均)。

4. S. I. R.(Short Interest Ratio 的缩写,译者注):卖空比例,也称为平仓天数,空头卖方回购平仓所需要花费的天数,用卖空股数除以过去两周的日均成交量得出。

5. VWAP（Volume Weighted Average Price 的缩写，成交量加权平均价格）：过去一个周期的股票成交平均价格，它给我们提供了一个空头卖空的大概平均价格。（是我在表中添加了成交量加权平均价格信息，因为我会时常参考它；见 www.alphatrends.net）

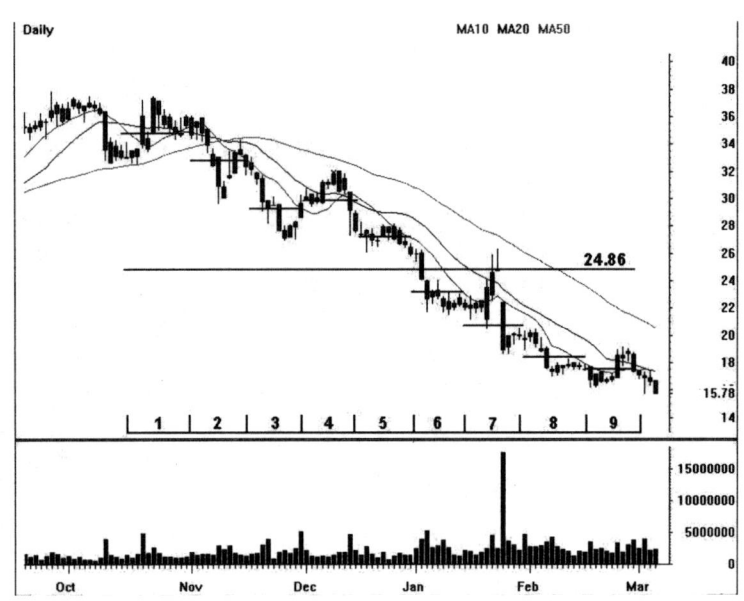

图 15.2　上图就是图 15.1 中的股票①。供图：RealTick by Townsend Analytics

注意当上图中的股票（图 15.2）向下突破后，空头卖方变得更为激进，被他们卖空的股数从 1160 多万股增加至 2120 多万股。在图中第 7 期，你可以看到由于股价的大幅波动，空头回购了大约 120 万股股票。之后随着股价的继续下跌，空头又卖空了更多的股数。

---

① 该图为日线图，图中 1 至 9 的序号分别对应图 15.1 中相同的序号（译者注）

轧空的第二种情形

第二种轧空情形我称之为**结构性轧空**，它发生在一支处于上升趋势中在较低价位上被大量卖空的股票上。

结合卖空数据表（图 15.3）和股价图（图 15.4）中信息，你可以确定大多数空头持仓建仓时的大致价位。利用这个信息可以确定大量空头持仓开始亏损的大概股价水平，这能帮助你锁定一支即将发生轧空的股票。如果多数空头仓位是在一个较低的价格水平建仓的，那伴随着股价的上涨和亏损的增加，空头卖方将不得不重新考虑他们的持仓并开始回购平仓。空头平仓将会给股票带来额外的一股买盘需求，给一般的空头卖方进一步增加了压力。这种轧空情形能导致股价的大幅上涨，因为它是建立在一大群市场参与者对正处于上升势头的股票走势判断失误的基础上的。

	Date	Short Interest	Avg Volume	S.I.R.	VWAP
10	2/15	7,694,606	1,281,125	6.00	40.64
9	1/31	6,396,162	1,509,795	4.23	42.85
8	1/15	6,359,908	1,439,337	4.41	40.53
7	12/31	4,490,911	854,718	5.25	43.18
6	12/14	4,565,105	1,301,907	3.50	42.21
5	11/30	4,252,342	959,083	4.43	41.93
4	11/15	4,915,648	800,581	6.14	43.34
3	10/31	4,551,506	1,294,847	3.51	45.02
2	10/15	5,287,970	1,296,446	4.07	44.05
1	9/28	4,468,885	1,425,010	3.13	40.85
	9/14	6,698,123	2,412,571	2.36	

图 15.3 上图的卖空数据表①应与图 15.4 的股价图结合起来考察。

---

① 表头与图 15.1 相同。（译者注）

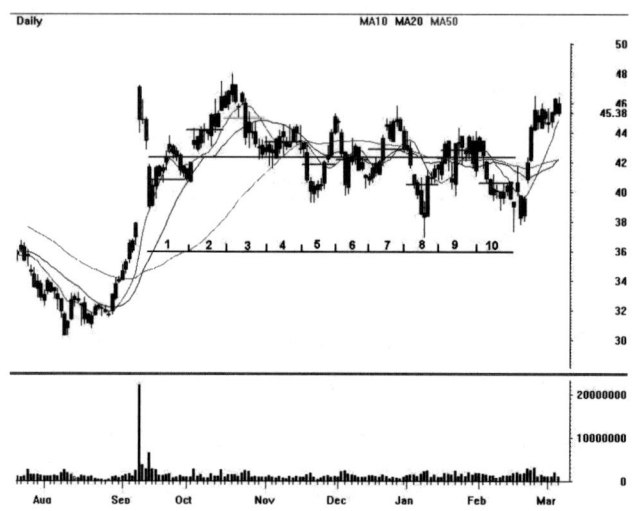

图 15.4　当股价如上图中显示的一样突破上涨创出新高时,"结构性轧空"就形成了①,大批在低价位建仓的空仓处于亏损状态。供图:RealTick by Townsend Analytics

图 15.4 中的股票代表了一个典型的结构性轧空目标。整个 1 至 10 期的成交量加权平均股价为 42.37 美元(如图中水平方向的蓝线所示),这意味着在目前的价位,空头卖方已经平均损失了大约每股 3.00 美元。对卖空数据的进一步观察显示在第 8 期(12 月 31 日至 1 月 15 日,图中由较短的水平蓝线表示),建仓的空头以平均 40.53 美元的价格卖空了接近 200 万股股票。当前随着股价逼近前期高点,10 日、20 日及 50 日移动均线都处于上扬之中,如果我卖空了这只股票我会感到相当紧张。

最后,以下是一些帮助你确定哪些股票可能会成为轧空的目标的一般性原则:

1. 股票在日线时间周期上处于上升趋势。股票至少应该位于上扬中的

---

①　该图为日线图,图中 1 至 10 的序号分别对应图 15.3 中相同的序号。(译者注)

50 日移动平均线上方。股价最好处于或者逼近历史高点，因为在这个位置上所有的多头都处于盈利之中，市场上没有动机强烈的卖盘供给。但是如果股票处于下降趋势中的话则不同了，这时空头卖方控制着趋势，他们没有理由去积极回购平仓，因此该股就不会是一个好的轧空目标。

2. **不存在对冲工具**。空头卖方用来对冲其空仓的一些常用工具包括期权、另一不同级别的普通股、认股权、可转换债券、优先股或任何其他对冲产品。如果不能对冲其空头持仓，空头卖方就会被置于一个更为弱势的处境。

3. **卖空仓位相比日均成交量应处于一个较高的水平**。卖空比例越高，空头回购平仓的难度就越大，因此会导致更高的股价。

4. **轧空发生的可能价位**。估计一下大多数空头仓位建仓的大致价位；这可以通过成交量加权平均股价（VWAP）来估算。当股价上涨超过这个价位时，空头卖方多数处于亏损状态；这让他们更容易被轧空。

有着双重买盘需求（多方和空方）及有限卖盘供给（尤其是当股价处于历史高位时）的股票会带来极好的趋势性机会。空头卖方通常是一群非常有头脑的投机者，但是与所有其他市场参与群体一样，他们也并非是一贯正确的。当空头对股票运行方向判断失误时，他们的平仓操作会给能察觉到轧空行情到来的交易者带来丰厚的短线收益。

第十六章 风险管理

所有交易和投资的目标都是在不承担过度风险的前提下盈利。无论你已经如何细致地研究了所有你已知的或者你认为自己已知的市场机会，也不管近期的股价走势如何验证了你进行一笔交易的理由，风险总是会与你相伴随行。如果你给予风险必要的尊重，它会是你最好的朋友，否则它将是你最坏的敌人。

因此，你最重要的工作就相当于一名风控经理的职责。尽管我们所有人都至少在理论上具备通过调整仓位、保持理性预期及把握适当时机等方式来对风险加以控制的能力，但市场才是真正的主宰。这正是你必须在解读市场传递的信息时保持客观性的原因，在建仓前就做好对所有可能的结果都能够不带情绪化地迅速做出反应的准备。职业交易员和仅把交易作为业余爱好的交易者之间最大的区别之一就是具备对所有可能发生的结果都做好应对准备的能力——无论是盈、亏或者平——并且事先就考虑好应该何时对亏损的持仓叫停。无视这个教训会导致惨痛的后果，市场或者会直接将你生吞活剥或者慢慢地将你凌迟处死，以此来惩罚你对谁才是统治者的无知。

作为一名专业选手（你最终会想被归为的一类交易者），接受亏损是这个行业中习以为常的一部分。把专业选手和业余选手区分开来的则是如何对待这部分亏损。专业选手总是会对"如果这样"有一个应对计划。将情绪排除在买卖操作之外的能力可以把你从令人麻木的不安全感中解放出来，这种不安全感已经折磨了太多挣扎中的交易者。

一笔交易有五种可能的结果——大赚、小赚、盈亏平衡、小亏及大亏。大亏正是我们要不惜一切代价加以避免的。

导致大幅亏损发生的最常见原因包括相对于总投资仓位过重、决策中过于自负或者基本面的恶化。另外也存在着积小亏为大亏的可能性，这也被称为"死于一千次纸片划伤"。即便你有超过半数的交易都是获利的，但如果你的盈利累积起来不足以抵消这些小亏的话，你可能依然会破产。

接受亏损的感觉真是糟透了。但我还听说过"你要学会爱上亏损"的说法。虽然我从未爱上过亏损，但我确实从亏损的交易中学到了不少东西，也曾在心甘情愿地接受一小笔亏损后看着我卖出的股票彻底崩盘而感到自己相当英明。知道是纪律性把我从可能的灾难中挽救出来让我颇感慰藉。

风险的类型

价格：价格当然是最容易量化的一类风险。在进行一笔操作之前，关键之处在于要先测算一下理论上的风险收益比——与投资预期将获得的收益相比你愿意承担多大的风险。

我个人使用被广泛接受的1∶3的风险收益比作为指导，这意味着我愿意冒1元钱的风险来获取至少3元钱的预期收益。但是为了使你的期望值更为现实，你必须把这个决策建立在市场供求的动态平衡关系及你所交易的时间周期内近期支撑和阻力位置的基础之上。

第十六章 风险管理

止损位和目标价位的设置应当依据你通过股价图实际分析得出的结果，而不是一个随机的百分比或者某个绝对值金额。风险/收益的概念听起来不错，*但它只是建立在我们对市场主观的假设基础之上*。你在一个操盘计划中设置了1：3的风险收益预期，但并不意味着市场走势将会符合你的分析，它才不管你是怎么想的。

风险收益比考虑进了预期的介入点、最初的保护性止损位的设置，以及股价将在什么位置获得支撑或遭遇阻力。这是一个价格目标。

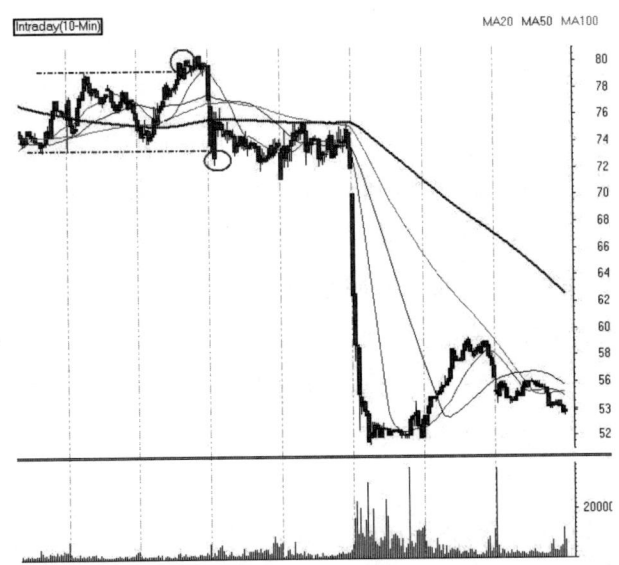

图 16.1 风险收益比的三个组成部分是：介入点、止损位及盈利目标①。在10分钟时间周期上，我们可以确定介入价位和最初的止损位置。目标价位的测算则需要研究更长的一个时间周期。供图：RealTick by Townsend Analytics

---

① 该图为10分钟分时图。（译者注）

市场风险：作为一名交易者，你每天都需要对市场当前的风险水平进行评估。市场参与者肯定会不断改变他们的关注点，你必须能够察觉出这些改变将可能导致市场整体风险水平的提高。市场风险水平提高的常见时期包括，但是不限于：每个季度的财报季、宏观经济报告的发布期、联邦储备委员会的会议以及其他时期。在这些时期，参与者仍然可以在市场中发现有利可图的不错的交易机会，但是交易时不应该像"正常"时期一样积极（从仓位的角度）。调整仓位是应对风险水平变化的最简便方法。

时间：除了价格风险，市场上也存在着时间风险。在无突出表现的资产上占用你的资金是对时间的浪费，你本可以把资金投入到表现更佳的其他投资上。

应对风险的专业做法不仅包括设置价格基础上的止损位，还应包括以时间为基础的止损位。如果预期的市场走势在一定时间内并未发生，就需要把部分仓位——如果不是全部——变现退出。在时间止损位被触发之前，应该给手中的持股多长的时间来表现？不存在一个一成不变的规则。但是对日交易者来说，有必要在收盘前把手中股票变现退出。对其他类型的交易者来说，时间止损位的周期取决于你的个人目标、对当前局面的认识、本金的多少、精神上的投入程度、仓位以及机会成本。

顺便说一句，持股过夜的风险受到了人们的过分关注。确实，事情可能会在一夜之间就变糟，但是具备些许常识就能避免你遭受灾难性的损失。况且这是一把双刃剑，持有一支牛股过夜能让你在第二天继续盈利，而在前一天错过了这只股票的人则不得不在第二天开盘时追高买入。但是对短线交易者来说，应该只在你盈利的情况下再持股过夜。如果你手中的股票发生了亏损，在当天结束之前就了结掉它，第二天早上再重新开始。

如果你还不习惯于持股过夜，逐步地去适应，卖掉你大半的持股，只留50%甚至只留下25%过夜直到你感到习惯为止。自然，有时候持有一只看上去走势健康的股票过夜也会带来较大的风险，一些明确的指示牌包括：财报或者宏观经济报告的发布，或者那些接近关键的支撑或阻力位的股票，这种情况下再继续持有，获利的空间也不大了。

百分之多少赢家

你得知道在市场中获利并不等同于你得有百分之多少的时间是对的，关键在于当你对的时候盈利了多少，当你错的时候亏损了多少。我曾有过获利极为丰厚的几个月但当时我的正确率只有45%。45%的正确率听起来很糟糕，但在实际交易中，如果迅速退出的一笔笔小额亏损能够被少数几笔大赚的交易所"吸收"的话，这就将是一个很不错的月份。这就需要你能做到续持牛股而迅速割掉熊股。

还要知道你对待亏损的态度在很大程度上将决定你交易时的情绪状态。经常会有使你亏损的交易发生，对待它们要严守纪律性，否则就将变为一场灾难。我把小笔的亏损当作是成功的交易来看待。这种成功当然不是通过几元几角来衡量的，而在于预先评估的基础上以自己的方式明智地管理风险的能力。

持有赢家割掉输家是资产管理背后的基本原理。那它为什么还是市场参与者失算的最主要领域之一？原因很简单：自负。吹嘘自己达到80%或更高盈亏比的交易者也许最终还是净亏损的，原因是这些高盈亏比的取得正是采取了与正确的方式相反的操作——过早地卖出牛股而一直持有熊股，其结果是在熊股上累积的损失与日俱增时他们还在徒劳地等待它有朝一日会回光返照。

Trade date: 1/1 SELECT DATE							
Trade date: 1/21 SELECT DATE SUBMIT							

Long vs Short	Trades	Gains	Losses	P/L	Best	Worst	% Gainers	Average Trade
Long	256	133	123	4,525.08	825.36	-799.90	52.0%	17.68
Short	101	57	44	1,497.71	895.66	-974.20	56.4%	14.83
Long vs Short Net								

Shares Traded	Trades	Gains	Losses	P/L	Best	Worst	% Gainers	Average Trade
Less than 200	56	32	24	143.03	558.00	-799.90	57.1%	1.49
201 - 500	173	94	79	2,436.60	895.66	-974.20	54.3%	3.24
501 - 750	7	6	1	600.23	374.06	-63.36	85.7%	17.65
751 - 1000	107	50	57	533.37	759.12	-439.04	46.7%	0.94
Greater than 1000	14	8	6	2,309.57	825.36	-294.10	57.1%	15.10

Share Price	Trades	Gains	Losses	P/L	Best	Worst	% Gainers	Average Trade
Less Than $10.00	9	6	3	937.72	434.64	-104.23	66.7%	7.69
$10.01 - $25	52	33	19	4,269.04	825.36	-260.09	63.5%	14.82
$25.01 - $50	48	30	18	1,564.06	405.46	-417.14	62.5%	6.09
$50.01 - $100	89	46	43	1,298.00	895.66	-372.49	51.7%	3.24
Greater than $100	159	75	84	-2,046.03	558.00	-974.20	47.2%	-3.82

Term of Trade	Trades	Gains	Losses	P/L	Best	Worst	% Gainers	Average Trade
Day Trade	350	189	161	6,393.34	895.66	-974.20	54.0%	18.27

Minutes in Day Trade	Trades	Gains	Losses	P/L	Best	Worst	% Gainers	Average Trade
0 - 5 minutes	168	99	69	3,873.90	533.90	-974.20	58.9%	23.06
6 - 15 minutes	99	47	52	1,847.94	895.66	-799.90	47.5%	18.67
16 - 30 minutes	44	22	22	-788.99	405.46	-417.14	50.0%	-17.93
31 - 60 minutes	23	13	10	415.35	394.72	-173.04	56.5%	18.06
61 - 120 minutes	11	5	6	342.33	427.86	-163.22	45.5%	31.12
More than 120 minutes	5	3	2	702.81	434.64	-63.04	60.0%	140.56

图16.2 此图中的交易结果评估报告（来自：www.terranovaonline.com）可供你客观地分析自己的交易数据。图中红框内的交易类别其正确率都低于50%，然而在三种情况下，整体的盈利来自在正确时的获利大于在错误时的亏损。

正确率听起来相当不错，但唯一重要的是你损益表上的数字。我的高尔夫球友说得最好："布瑞恩，当你提交你的计分板时，他们只会问你得了多少分，而不会问你是如何做到的。"

以下是为什么要持有牛股砍掉熊股的背后的简单算数：

如果亏损：	需要盈利：
10%	11%
20%	25%
50%	100%

第十六章　风险管理

交易规模

要尽早认识到无论是从成交股数、投入资金或者风险百分比的角度衡量，决定交易规模的首要考虑因素是针对你在这笔交易上愿意承担的风险，是否存在可接受的预期收益额。

风险收益比的测算是依据决定介入点、止损位的最初价位，以及在你正确的情况下股价预期能达到的区域。虽然在我们确定交易规模时，还没有一个公式能考虑进所有相关的变量，但是我们有一个好的出发点是在你错误的情况下你能承受损失掉所有交易资金的最大百分比。常用的一个比例是交易资金的 1%。例如，对于一个有 100000 美元的交易账户来说，这意味着可承受的最大风险是 1000 美元。如果你第一笔交易失利的话，你的资金就成了 99000 美元，接下来的交易你就不能冒比这笔资金的 1% 更大的风险，也就是 990 美元。而另一方面，假设你的第一笔交易获利 10000 美元（账户资金变成了 110000 美元），在接下来的交易中你能承受的风险就是这笔资金的 1%——即 1100 美元。

公平起见，需要指出上述概念也有一些潜在的缺陷，因此在这里需要进一步深入研究。下面让我们看看两个账户初始资金均为 100000 美元的例子：

例一：假设一只股票的价格是 50 美元每股，平常的日成交量是 1000 万股。对于这只 50 美元的股票，你决定止损位应该设置在刚好低于最近的支撑 49.25 美元处，这意味着风险是 0.75 美元每股。你也决定了这笔交易的潜在目标价位是 52.25 美元每股。如果市场走势与你的分析相符，你承受的每 1 美元风险会给你带来 3 美元的收益，风险收益比在可接受的范围内。用可承受的总风险 1000 美元去除以 0.75 美元的每股风险，那么合适的股数就是 1333 股（大多数交易员会把这个数字四舍五入到 1300 股的整数，以避免交易的股数出现奇数）。根据日均 1000 万股的成交量，这将是一个合理的交易规模，因为根本不用担心流动性的问题，但是你真的想把 65% 的交易资金都投入到一笔交易中去吗？

现在让我们加入一些变量。如果与股票紧密相关的公司的主要竞争对手即将发布财报怎么办？这会对你的决定产生多大影响？你会因为这个变量而考虑把交易规模削减一半吗，或者改为买入看涨期权，这会给你可能的损失金额设定一个严格的上限但这也许会减小你的获利空间。如果将有一个重要的宏观经济报告将于明早发布，或者联邦储备委员会正在计划召开会议决定是否应该对货币政策做出改变，这又该如何是好？你会看出使用单一的交易规模公式必然会有它的缺陷。

在我们的第二个例子中，假设每股价格为 2.50 美元。通过分析设置股票的主要支撑位于 2.35 美元（仅 0.15 美元的距离），潜在目标价位在 3 美元附近（代表每股的可能收益为 0.50 美元）。仍假设 1000 美元的风险承受值，你可以买入 6666 股股票。每股承担 0.15 美元的风险来换取 0.50 美元的预期收益听起来不错，甚至好于上例中 1∶3 的风险收益比。但是记住，还有变量要考虑。如果该股的日均成交量仅为 300000 股每天怎么办？你还会觉得买入 6000 股合适吗？好吧，你具备良好的纪律性和下单技巧吗？如果没有的话，卖出这些持股可能会比你想象的更困难，无论是获利还是亏损时都会如此。对这只股票，或者其他股票，也考虑进上例中提到的那些变量，你会看到为每一笔交易确定最佳的交易规模会变得多么复杂。

当然，即便它并不是一个完美的计划，有这样的一个确定交易规模的简单计划也好于每次进场时都随机地买入 500 股或者 1000 股。有时候比你的"规则"所允许的更保守或者更激进会有额外的收获，但一般而言我的建议是宁可犯过于保守的错误。市场偶尔会给你一个大赚的机会去"争取一把"，等你具备了应对较大规模交易必备的纪律性时，再去抓住那样的

第十六章 风险管理

机会吧。我见到的交易者最常犯的错误是为了弥补一连串的交易损失而进行一笔过大规模的操作，力求把账户市值一下拉回到他们认为应该的水平。这种情形下很少会看到有好的实际结果出现，即便是有，它也只是强化了一个负面的行为模式，这会不切实际地推高你的自信心，使你在将来陷入更大的损失之中。

作为一般性原则，绝不要在任何一笔交易中冒超过你的总资金1%至2%的风险。而且，在任何一笔交易中投入超过账户15%至20%的资金都可能会对你的账户市值带来灾难性的后果，如果事情变得超出预料的糟糕的话。资金管理和交易规模绝不是一成不变的，因为有许多重要的因素要考虑，例如交易经验，股票的流动性，预计的持有时间，振幅，一天、一季及一年当中的时间，市场动荡，来自基本面的催化因素等。

放手去做

既然我们关注的是确保在市场走势恶化到损失不可挽回的地步之前就收手，那么该卖的时候就要卖！当到了卖出手中股票的时候，你要有一种"人人为我"的态度，否则别人就可能捷足先登夺走你退出所需要的市场流动性。在退出一支熊股时常见的错误是等待交易量的放大。如果你也落入了这个常见的圈套的话，你会发现为时已晚，因为通常是在价格先动之后成交量才会放到最大。

在交易中，如同从事任何有风险性的活动，都会有方法来增加防护措施。我过去常驾驶悬挂式滑翔机，并且完全了解这其中的风险。我不会使用有问题的设备，不会在没有备用降落伞或者天气状况不明的时候飞行。有些人则不会采取同样的谨慎做法，或多或少地让谨慎之心随风飘逝，其后果会是相当严重的。交易也是如此，基本的规则可以帮助你控制风险。

胜券在握：不允许骄傲自满

人们常说"牛股会自理"，但是这种自满情绪是非常危险的。对盈利的持仓应该和对亏损的一样进行积极主动的管理，在被市场收回之前就把利润锁定。管理盈利的股票是件有趣的事，但是在过早获利卖出和持仓过久导致出现问题之间存在着一个微妙的平衡点。

我偏好的退出方式是逐步加大的分批卖出，首次卖出发生在当股票第一次突破上涨时。获利卖出一小部分持仓降低了剩余仓位的初始风险，可以使你在处理留在手上的股票时从容不迫。逐步加大分批卖出不能使你实现盈利的绝对最大化，但是希望每笔交易都获利最大化也是不现实的想法。害怕把利润留在身后让许多缺乏经验的交易者持仓过久而远远超过了职业选手选择退出的时点。当业余选手看到盈利状况开始恶化，他的思维模式会固定在等待账户市值回归到之前的高点上。这个错误致使他变得麻痹，看着手中的持股一路回落直至曾经强势的牛股最终却给他带来损失。让手中获利的股票最终变为亏损是不可接受的，更为成熟的交易者不会让这种情况发生。

在谈到具体的策略之前，需要指出的是并不是只有一种最佳卖出方式。我们都有着不同的目标，例如，各自偏好的交易时间周期、风险承受能力及账户规模，并且我们或许也想要实施多重策略来满足分散风险和收入现金流的目标。日交易者的目标和方法会与更有耐心的交易者存在巨大差异，后者并不介意一次持仓长达数月。我们都是不同的人。

在接下来的例子中，出于简化的原因我们都以市场上的多头一方为例。然而，对于空头而言，原则是一样的，只是需要把规则反过来罢了。

常言说：会买的是徒弟，会卖的是师傅。知道何时该卖出（对空头是

第十六章 风险管理

指回购平仓）把最好的交易员和那些只能赚个蝇头小利的交易者区分了开来。成功的交易者知道把握好卖出策略对在市场上获得持续成功尤为关键。

宽泛地说，有七种情况会促使你或者帮助你卖出，对它们的最好描述如下：

1. 最初的保护性止损。
2. 逆趋势的跳空缺口。
3. 目标价位。
4. 硬性跟踪止损。
5. 跟踪止损。
6. 时间止损。
7. 移动均线的交织。

最初的保护性止损。出于保护本金的目的，该止损位会触发你的第一个卖出决定。在想象这笔交易会让你赚到多少钱之前，先考虑一下如果走势事与愿违的话你将在什么位置退出。为一笔交易设置了保护性止损位的话，你就不会由于觉着"这笔交易主意不错"而拿着这只股票一路走到黑。

最初买进股票时，首要的技术考虑因素是支撑和阻力的位置及价格。确保你买进的价格不会距离可靠的支撑或者阻力位太远，因为这将是设置保护性止损位的位置。该止损位会确保如果股票走势出乎预料的话，你的账户不会遭受惨重的损失。对多头而言，止损位应该设置在最近期的支撑位下方不远的地方；对于空头，设置在刚刚高于最近的阻力位的位置。也就是说，你在利用趋势的定义（对上升趋势指不断抬高的高点和低点，对下降趋势是指不断拉低的高点和低点）把危险的情绪性因素排除在决策过程之外。

逆趋势的跳空缺口。这是指大于5%的巨大缺口（相对于更为常见的1%至2%的小缺口）突然发生，正处于上升趋势的股票大幅跳空低走，而你还持有着该股的多头仓位。幸运的是，这类由偏向于卖方的供求不平衡所导致的跳空缺口在交易中并不常见，尤其是对于一只处于稳固的上升趋势的股票而言。但当我们确实陷入这种窘境时，通常最好的处理方式是清掉整个持仓。这种量级的缺口一般不会出现，除非公司的基本面发生了严重问题，因为我们当初买进时并未考虑基本面方面的因素，如今就处于一个未曾设想过的境况。那么，当心存疑虑时，卖出为上！长痛不如短痛。

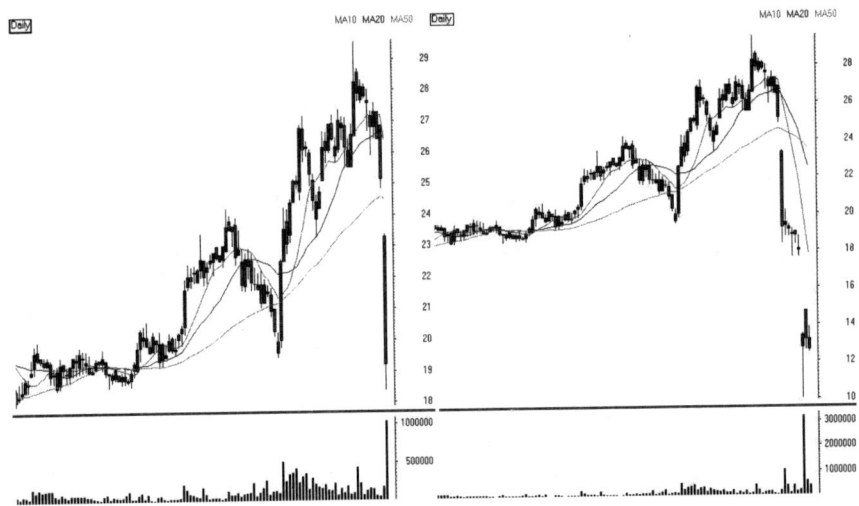

图16.3 左图显示该股跳空低开，随后在整个交易日剩余的时间里持续走低①。右图显示了同一只股票在两周之后的走势。供图：RealTick by Townsend Analytics

---

① 两幅图均为日线图。（译者注）

总是存在着你卖出之后股价反弹的可能，但是对一只重伤的股票而言，这样的反弹通常都是短命的；设想一下，马拉松运动员在比赛进行中跌落到了路边的水沟里并摔断了一条腿会是种什么情况。他的竞技本性也许会促使他迅速站起来继续赛跑，但是当肾上腺素最终消耗殆尽时，他只有落下来处理骨折导致的剧烈疼痛了。股票很少会从戛然而止的趋势中完全恢复过来，最好还是继续前行吧。

目标价位。应该对股价有潜力上涨到什么价位有一个理性的预期，这会给你提供一个卖出的大致区间。如果你的股票处于稳固的上升趋势中并且在接近前期的某个支撑位，这个过去的密集买入区域可能会对股价的继续上涨形成阻力。在此需要提示一下——如果股票仍处于强劲的上升势头的话，小心不要卖出过多的持仓，因为最大的收益也许还在前方。卖出一部分持仓能降低你承受的整体风险，如果股价突然转跌的话让你有一定的缓冲空间。

还需要当心的是不要过度从字面意义上把握目标价位，因为它只是一个基于你的分析的理论上的目标值。如果股票在达到你的目标价位前给了你一个卖出的理由，那么忘记你的目标价位，市场怎么说就怎么办。不要太过固执，为了那最后的 0.10 美元/股而痛失之前的利润。牛熊皆可能盈利，只有贪婪的猪会被打杀，而严守纪律的猪才能致富！

硬性跟踪止损。这类止损位对技术的要求最高，但是当你到达这个时点的时候，股票已经自己在顺势而动了，你的工作是持续监控并随股价的上涨而调整你要承受的风险水平。HARD 跟踪止损位正是建立在你试图从中获利的趋势的精确定义基础之上。正如我们所知，上升趋势的定义是"一系列不断抬高的高点和低点"。这意味着跌破不断抬高的低点系列是对趋势的违反，这就构成了卖出的理由。设置这个止损位需要多做些工作，

多周期技术分析——了解市场结构，跟随趋势盈利

因为你得不断地撤单、重设。但这是件令人愉快的事，因为它意味着你在不断地锁定利润。

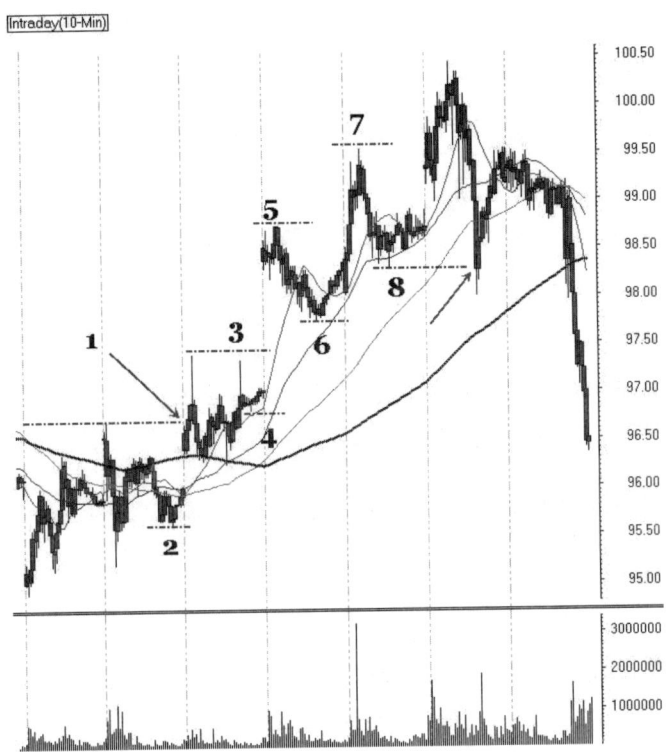

图 16.4　对做多交易来说，在股价每次创出新高（图中以奇数标记）后，跟踪止损位都被抬高至稍微低于最近一次回调低点（图中以偶数标记）的价位①。例如，当股价向上突破了标记为 5 的位置，跟踪止损位被从标记为 4 的价位抬高至标记为 6 的价位附近。这一过程被不断重复直至股价回调时创出新低（图中红色箭头处，股价向下跌破标记为 8 的价位）。
供图：RealTick by Townsend Analytics

---

① 该图为 10 分钟分时图。（译者注）

第十六章 风险管理

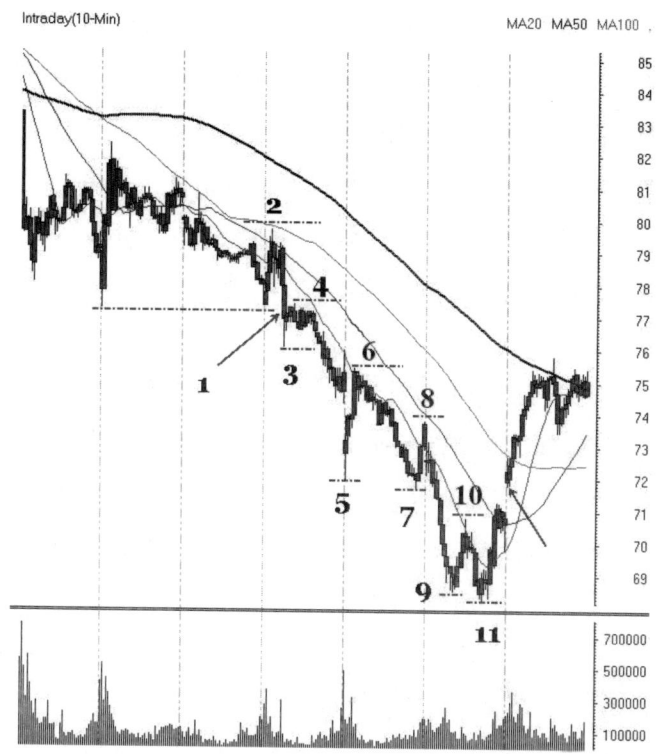

图 16.5 对做空交易来说，在股价每次创出新低（图中以奇数标记）后，跟踪止损位都被拉低至稍微高于最近一次反弹高点（图中以偶数标记）的价位①。例如，当股价向下跌破了标记为 3 的价位，跟踪止损位应该被拉低至标记为 4 的价位附近。这一过程被不断重复直至股价反弹时创出新高（图中绿色箭头处，股价向上突破标记为 10 的价位）。供图：Real-Tick by Townsend Analytics

跟踪止损。这是我在做日交易时喜欢使用的一类止损单。这类独特的止损位实际上把你下单的控制权交给了许多交易平台内置的算法来执行。使用跟踪止损的理想情形是当你买入了一只上升速度很快的股票时，快速上涨的股价迅速远离了你的硬性止损价位。当股价在短短几分钟之内上涨

---

① 该图为 10 分钟分时图。（译者注）

了一美元甚至更多时，你就面临着是卖出手中的股票锁定利润还是让股票再走一段看看再说的两难处境。我们都曾见过在一个小时甚至更短的时间内上涨了两三美元钱的股票，我们当然不想让这么样一只漂亮的牛股最后变成手中的熊股。从这样的经历中奔涌而出的情绪会诱使即便是最有纪律性的交易者获利卖出了结，而不是让股票继续奔跑。幸运的是，技术给了我们缓解这种情绪化决策过程的机会，它就是跟踪止损。

随着股价表现出进一步的强势，跟踪止损位会自动向上调整，但它永远不会向下调整。跟踪止损会在股票创出每一个新高后在其下方设置一个实际的止损价格，比方说低于新高 0.15 美元处（或者你设定的其他值）。要记住一旦股价触及止损位，止损单就会变为市价单，在缺乏流动性或上下波动迅速的市场上这可能会导致滑价成本。

图 16.6　上图为 MACR 股票的 1 分钟分时图，应以图 16.7 中的订单

簿作为参照来考察。供图：RealTick by Townsend Analytics

Time	Order Details	Status
9:52	Bought 500 MACR at 27.000000 with PSE-LX-ETNTOA (or	Completed
9:52	Buy 500 MACR at 27.00 Deleted	Killed (Order c
9:52	Cancel order 0b06-000c-002e-00 sent to exchange	Sent
9:52	Order 0b06-000c-002e-00 killed by the exchange for rea	Completed
9:52	Buy 500 MACR at 27.05 on ARCA (400 traded @ 27.0500)	Executed
9:52	Bought 100 MACR at 27.050000 with PSE-LX-ETNTOA (or	Completed
9:52	Bought 100 MACR at 27.050000 with PSE-LX-ETNTOA (or	Completed
9:52	Bought 100 MACR at 27.050000 with PSE-LX-ETNTOA (or	Completed
9:52	Bought 100 MACR at 27.050000 with PSE-LX-ETNTOA (or	Completed
9:52	Cancel order 0b06-000c-002f-00 sent to exchange	Sent
9:52	Order 0b06-000c-002f-00 killed by the exchange for reas	Completed
9:52	Sell 900 MACR at Trailing Stop: .15 on ARCA (900 traded @	Executed
9:52	ARCA Order Status: Pending trailing stop (trail=.15)	Completed
9:52	ARCA Order Status: New stop 26.99	Completed
9:52	ARCA Order Status: New stop 27.00	Completed
9:52	ARCA Order Status: New stop 27.01	Completed
9:52	ARCA Order Status: New stop 27.02	Completed
9:52	ARCA Order Status: New stop 27.03	Completed
9:52	ARCA Order Status: New stop 27.05	Completed
9:52	ARCA Order Status: New stop 27.06	Completed
9:52	ARCA Order Status: New stop 27.07	Completed
9:52	ARCA Order Status: New stop 27.08	Completed
9:52	ARCA Order Status: New stop 27.09	Completed
9:52	ARCA Order Status: New stop 27.10	Completed
9:52	ARCA Order Status: New stop 27.11	Completed
9:52	ARCA Order Status: New stop 27.12	Completed
9:52	ARCA Order Status: New stop 27.13	Completed
9:52	ARCA Order Status: New stop 27.15	Completed
9:52	ARCA Order Status: New stop 27.16	Completed
9:52	ARCA Order Status: New stop 27.17	Completed
9:52	ARCA Order Status: New stop 27.18	Completed
9:52	ARCA Order Status: New stop 27.19	Completed
9:52	ARCA Order Status: New stop 27.20	Completed
9:52	ARCA Order Status: New stop 27.21	Completed
9:52	ARCA Order Status: New stop 27.22	Completed
9:52	ARCA Order Status: New stop 27.23	Completed
9:52	ARCA Order Status: New stop 27.25	Completed
9:52	ARCA Order Status: New stop 27.26	Completed
9:52	ARCA Order Status: New stop 27.27	Completed

9:52	ARCA Order Status: New stop 27.27	Completed
9:52	ARCA Order Status: New stop 27.28	Completed
9:52	ARCA Order Status: New stop 27.29	Completed
9:52	ARCA Order Status: New stop 27.30	Completed
9:52	ARCA Order Status: New stop 27.31	Completed
9:52	ARCA Order Status: New stop 27.33	Completed
9:52	ARCA Order Status: New stop 27.35	Completed
9:52	ARCA Order Status: New stop 27.36	Completed
9:52	ARCA Order Status: New stop 27.37	Completed
9:52	ARCA Order Status: New stop 27.38	Completed
9:52	ARCA Order Status: New stop 27.39	Completed
9:52	ARCA Order Status: New stop 27.40	Completed
9:52	ARCA Order Status: New stop 27.41	Completed
9:52	ARCA Order Status: New stop 27.44	Completed
9:52	ARCA Order Status: New stop 27.45	Completed
9:52	ARCA Order Status: New stop 27.46	Completed
9:52	ARCA Order Status: New stop 27.47	Completed
9:52	ARCA Order Status: New stop 27.48	Completed
9:52	ARCA Order Status: New stop 27.50	Completed
9:52	ARCA Order Status: New stop 27.51	Completed
9:52	ARCA Order Status: New stop 27.53	Completed
9:52	ARCA Order Status: New stop 27.54	Completed
9:52	ARCA Order Status: New stop 27.55	Completed
9:52	ARCA Order Status: New stop 27.56	Completed
9:52	ARCA Order Status: New stop 27.58	Completed
9:52	ARCA Order Status: New stop 27.60	Completed
9:52	ARCA Order Status: New stop 27.61	Completed
9:52	ARCA Order Status: New stop 27.62	Completed
9:52	ARCA Order Status: New stop 27.63	Completed
9:52	ARCA Order Status: New stop 27.65	Completed
9:52	ARCA Order Status: New stop 27.66	Completed
9:52	ARCA Order Status: New stop 27.67	Completed
9:52	ARCA Order Status: New stop 27.68	Completed
9:52	ARCA Order Status: New stop 27.69	Completed
9:52	ARCA Order Status: New stop 27.70	Completed
9:52	ARCA Order Status: New stop 27.71	Completed
9:52	ARCA Order Status: New stop 27.73	Completed
9:52	ARCA Order Status: New stop 27.74	Completed
9:59	Sold 100 MACR at 27.710000 with PSE-LX-ETNTOA (orde	Completed
9:59	Sold 800 MACR at 27.650000 with PSE-LX-ETNTOA (orde	Completed

图 16.7　该订单簿显示买入和卖出 900 股 MACR 公司股票。股票通过限价单的方式在 27.00 美元和 27.05 美元被买入。几乎在股票刚一购入时，我就下了差价为 0.15 美元的跟踪止损单。你可以看到随着股价上涨，止损单被调整了超过 50 美分之多。仅过了七分钟，止损单就在 27.74 美元被触发，随后在 27.71 美元和 27.65 美元的价格执行完毕。跟踪止损单被激活后就变为市价单，因此常导致滑价成本。

设置跟踪止损单最困难的是决定在止损单激活前允许股价有多大的变动空间。渔夫可能会对此感同身受。如果有一条大鱼咬钩了但是你把线拉得太紧，鱼儿肯定会脱钩逃走，你也就没有机会品尝你的收获了。与之相似，如果你把止损位设置太紧，你的持仓会在股价完全施展开来之前被震出。我给跟踪止损位留有的空间的大小在很大程度上取决于股票的历史振幅及价格。振幅越大、价格越高的股票需要被给予越大的额外空间来振荡，而振幅较小、价格较低的股票通常能被拴在较紧的皮带上，留下 0.10 美元至 0.15 美元的空间给止损位就够了。

时间止损。这类止损单被用来应对市场风险的另一种形式——时间

——它提供了一条卖出手中滞涨股的途径。如果你还没有注意到这点的话，你很快将会——时间可能是你资产沉默的杀手。曾有多少次因为其股价没有任何表现你就忽视了账户中的某只股票？我在日交易中使用时间止损单的一般指导原则是15分钟至30分钟；如果大盘的走势与该股的走势预期一致的话，会以30分钟的止损为重点。对于波段交易，我通常会给股票两到三个小时的时间来表现，否则我就会考虑在成本附近将其卖出。对于定位交易，我的耐心很容易被延伸，在我开始考虑时间是不是差不多了之前，我会给股票不超过一到两天来有所动作。在我的股票被时间止损单卖出后，如果它表现出了将要启动的迹象的话，我常常会重新买进这只股票。

移动均线的交织。这往往传递出流行趋势终结的信号，代表着目前是一个好的获利了结的时机。移动平均线是比较简单的技术指标，但是却常常被误读。从本质上讲，移动均线的相互交织表示市场上对买方还是卖方掌握着控制权缺乏共识，股票或许需要一段时间来消化涨幅，因此作为趋势的追随者，没有比这更清晰的退出信号了，是时候从容地卖出了，在市场把它从你这里拿走之前锁定你的利润。

卖出持仓最有逻辑性的方法是客观地听取市场所传达出来的信息，并以此为基础进行操作。我倾向于把上述策略组合起来使用。当我感觉到风险较低时，我喜欢建立起较重的仓位，但是在势头展现出来的第一时间我就会分批卖出部分持仓，以收回交易成本。我通常会使用一个或多个本章所描述的策略来卖出剩余部分的持仓。

第十七章
关于一些交易常规和窍门的思考

任何对交易或者投资怀有激情并且长期投身于市场当中的人一路走来都会学到许多经验教训。尽管其中一些来自和其他交易者的交流、书本以及讲座，但绝大多数的经验教训都来自于挫折这所学校——那些瘪下去的皮夹子、失望沮丧和自我怀疑。当然，沿途也曾有过喜悦，但是在学习进步的过程中，更多的是不断地遭遇挫折。因此，在过去的这些年里我所汲取的最好的经验教训都来自逆境当中。我学会了心平气和地从困难时期总结一些普遍性规律，它们较之以前更加接近事物的本质。

许多的，如果不是大多数的，交易者和投资者入市时都带着对未来预期的先见之明。不就是低买高卖嘛，对吧？这能有多难呢？但是随着你逐渐深入，交易中的情绪性因素开始蔓延；如果你通读了本书的话，就会知道稍不留神你就很容易成为落入饿狼口中的绵羊。

我最初是把脑海里重要的经验教训都摘录下来，后来相似的东西越来越多，我就决定把它们进行大致的归类。我的发现相当有启发意义：超过三分之一的经验教训与你的情绪和纪律相关；剩余的类别也与情绪和纪律存在着交集。如果这能使你明白市场是如何如同一个万花筒般千变万化，研究它就仿佛是一个脑力游戏，那么很好，我在本书中已经尽职了。

价格

在市场上，股价是唯一真正重要的东西。只有股价才能带来回报！

不要步价格的后尘，尽管交易量也很重要，但是不要等到量能跟上来后才做决策。买入或卖出的所有决策都应该在价格的基础上事先确定，因为股价走势高于一切！

不要浪费时间和别人争论关于市场或个股的看法，让市场来做决定吧。股价是终极裁判，市场将会决定谁才是对的。

如果你敢冒险与价格走势一争高下的话，市场总是会赢的。

关于市场

虽然股市是经济的领先指标，但要是对经济的透彻了解是成功交易所必需的话，那最好的交易员就是经济学家。

华尔街上最难干的工作是逃顶和抄底。

牛市会使交易者培养起不好的习惯，熊市则让人们重又想起并注重风险。

不要把你的观点强加于市场之上。市场并不会顾及你或者我的想法。根据你所见而非所想进行交易。

第十七章 关于一些交易常规和窍门的思考

市场上并没有万无一失的事情，你只能从市场上得到你所应得的。对所有可能发生的结果做到有备无患，并且绝不要低估风险的存在。

在市场上一旦失手就会被擒，螳螂捕蝉，黄雀在后。

市场走势并不总是理性的，意料之外的事情时常会发生。总是做好最坏的打算。如果你对所有可能发生的情形都做到心中有数的话，在任何市场行情下你都能冷静地做出理性的决策。

资金

没有人能大过市场，也没有人能在市场上做到稳赚不赔。雄厚的资金并不必然是聪明的资金。

"聪明的资金"也并不能做到聪明一世。

能使你弥补亏损的交易感觉很不错，但也绝不如盈利的感觉好。

风险管理和仓位控制比你选择哪一只股票进行交易更为重要。

当你经历了一连串的亏损或者当市场上的不确定性加剧时要注意降低交易规模。

相比于交易资金量，交易规模的大小应当在更大程度上取决于交易经验、风险因素和市场知识这些方面的考虑。

要有风险意识，并且要持续不断地去评估风险。你要做的最重要的工作正是一名风控经理的职责。

不要耽于实现你每天、每周或者每月的盈利百分比或者绝对值目标。把注意力集中到你所能控制的事情及如何应付不断变化的市场环境上来。

正确把握进场时机建立起来的持仓会很快朝着对你有利的方向波动。

情绪

没有人能不被贪婪和恐惧的思想情绪所扰。使用杠杆放大可用资金的同时也会放大这些情绪化因素，这也就加剧了风险。

要和你关注价格走势一样密切地监控你的情绪和决策过程，不要让你的情绪影响到买入和卖出决策。

往往那些"你早就知道不能犯"的"愚蠢错误"给你带来的损失最大。情绪和自满是你的敌人，对它们绝不要放松警惕。

不要在沮丧的情绪笼罩之下进行交易，市场会惩罚那些怒气冲冲的交易者。

持现也是仓位的一种，你并非一直都得持股。当别人为情绪化决策所累时，持现可以让你保持客观分析（踏空总比被套强）。

自满情绪是你资产沉默的杀手。

不要固执己见地一直捂着亏损的股票不动。你的自尊心会在接受小亏后很快伤愈，这要比你的资产从巨亏到恢复元气快得多。

只有当你心绪平和时再进行交易。在你感觉疲惫时，宿醉后，或者正在经历生命中的一段感情风波时，你的判断力将会受到干扰，你就不能很好地进行交易。

对自己的观点保持灵活性，随时做好你是错的准备。

纪律

纪律和耐心是你的朋友；情绪是你的敌人。

纪律有助于帮你控制自负和自满情绪带来的问题。

无论是牛市还是熊市皆可盈利，只有贪婪的猪会被打杀，而严守纪律的猪才能致富。

对所有市场可能性都要有所预期，要严守纪律，当股价走势符合你的理论预期时再进场参与。

为了计划好如何操盘并且按照计划操盘，你需要同时是一位好的分析师及一位好的交易员。

只有当你感觉到占据了上手优势时才能进场交易，之后要有纪律性地执行你的交易计划。

在问题出现的第一时间就要严守纪律离场。时而判断失误将会是在所难免的，但是继续坚持错误就是愚蠢的了。

要保持不断学习来提高自己的纪律性，绝不要认为你已经无所不知。

以守为攻才能赢得这场游戏！要把如何幸存下去作为第一要务来考虑，交易计划中首当其冲的是要有纪律性；稍事疏忽，一支熊股就可能毁掉你。

消息和建议

信息量越大并不必然越有利。消息有可能会干扰你的判断力，使你认为是市场错的，而不是你错了。

把注意力放在如何在这个交易日获利上来，而不是花在探究关于公司的一些细枝末节和统计数字上。

万事靠自己。有许多不错的资讯快报和投资顾问服务；找到一两家和你的交易风格相匹配的，但是要把它们的观点消化为你自己的再加以利用。

不要四处去谈论自己的交易持仓，也不要轻易相信别人的。坚持通过对价格走势的客观分析来核实你听到消息。

如果你需要听听别人关于你持仓的建议，那你很可能早就应该卖出了。

消息会在短线上的转折点被放出，并且常常是迎合当前的趋势走势的，让基本面派确认无疑。

第十七章　关于一些交易常规和窍门的思考

对市场和趋势的深入解读及其他一些杂谈

成交量和振幅在趋势转折点附近会放到最大，之后随着趋势的发展而逐渐缩小。

当股票走势出乎意料时，朝着反方向的剧烈波动往往会随之而来，因为有大量的市场参与者会被套。

当市场恐慌抛售时要借机平掉部分空头仓位，当市场轻快上扬时借机卖掉部分多头持仓。股价对消息刺激做出反应时，变现部分持仓会是个不错的想法。在你能够退出时退出，而不是等到你迫不得已时再退出。

如果买不到，股价定会走高；如果卖不掉，股价定将走低。

必要时放弃你的观点，也比赔掉你的本金要好。市场并不总是理性的，而"原因"往往在股价已经大涨大跌之后才会被揭示。

无论做多还是做空，在短线势头初次浮现时就抓住机会进场，你领先于其他市场参与群体的概率就会大很多，同时也缓解了你的时间风险。

通过对短线时间周期上走势的分析和降低交易规模可以弥补恶化的市场整体不确定性。

对投机性较强的股票要保持关注，以了解市场上"热钱"的动态，因为它们的流动倾向于引导市场上的整体走势。当投机资金不再像以前那样四处出击，热炒的题材股数量迅速下降时，就该是转为防御的时候了。

当看不清时，不可进场。切换到短线时间周期上看看，或者就干脆换股。

大多数人把市场分析搞得比实际需要复杂得多。专注于市场结构会让你的分析变得简单。

只有你自己的观点才能决定你的交易持仓，在投入资金之前做足自己的分析和研究也同等重要。

在一名优秀的交易者手中即便是很一般的操盘计划也比一般的交易者手中出色的操盘计划更有价值。

对所有可能情况都要有所预期，但是要先确认好价格走势再进行买入或卖出操作。

最后一条：向你的朋友们推荐本书。

第十八章 总结

有了对市场结构的深入体会并认识到"应该如何"交易股票之后，怎么把这些知识运用到实战中去从而在市场上获得持续盈利？正如我在本书中通篇强调的，情绪化是交易中的敌人，需要在交易决策制定过程中尽最大可能去避免。弱化情绪影响的一个方法是在非交易时间进行选股，在这个时段里价格信息不再持续不断地发生变动。当你在复盘寻找新的交易机会时讲究方式方法是颇为重要的。

以下是我的方法。我对周一所要交易股票的搜寻始于周五下午或周六上午，这时我会对我的候选股"总"关注列表进行添加和删除。在一周工作的收尾时期，交易活动在你大脑中依然清晰可见，这可以使你的思维与市场保持同步并在选股中保持一定的逻辑性直觉。我的总关注列表包括有300至400支趋势稳定、量能异动及引领市场的股票和ETF基金。我逐个审视列表中的每一只股票并最终把它压缩至包含100至150只股票的"每周关注"列表。每周关注列表中的股票为我提供了我认为在未来一周将会是最好的交易机会，通常是那些在日线级别上启动了一轮新的趋势性行情的股票。我也会对那些正经历回调的趋势性股票格外关注，它们有望在未来一周恢复到主趋势的运动方向上来。

我并不一定要寻找做多或做空的交易机会，只要是交易机会就行，仅此而已。如果市场上多空两方面的势头都有可能的话，我想要做到有备无患，这样无论在哪种情形下我都有可供选择的交易标的股进行操作。我总是做到对市场的整体技术走势心中有数，对可能发生的情形都有所预期，这样即便市场决定在未来一周反转的话我也不会手足无措。

虽然我不会仅仅因为股价的高低而排除一只股票，但我个人倾向于买卖股价在5美元至40美元之间的股票，所以我希望看到这个价格区间的股票出现在我的清单上。从以前的交易记录中我也意识到我不是特别善于交易自然资源类的股票，因此我对添加大宗商品相关股票到列表中的要求会更加严格。

我交易的大多数股票都是在纳斯达克上市的，但是随着纽约证交所转型为电子化交易环境，我也比之前更多地交易纽交所的上市股票，这也给我带来了更多的交易机会。另外我还倾向于日成交量在40万至500万股的股票，因为它们有足够的流动性便于买进和卖出。

请注意，上述只是适用于我的最佳状况。你需要找到最适合于你交易的股票。

收盘

每天收盘后，我都会过一遍每周关注列表来寻找适合于第二天交易的股票。例如针对可能在周二触发买入或卖出的股票，其搜寻始于周一下午收盘后的15到30分钟内，因为如果时间过得太久，我就失去了当天交易日看盘的感觉。另外我还想晚上能暂时放下市场不间断地休息。

第十八章 总结

经过一整天活跃的交易，收盘后人会感到筋疲力尽，所以我通常会站起来舒展一下身体，吃点零食或者会锻炼一会儿，然后才开始选股。无论你以何种方式放松心情，从交易员状态切换到分析师状态都将有助于你在选股过程中更为冷静客观。

我并不是每天都要过一遍我的"总关注列表"（该列表太长了），但收盘后我确实会看看那些当天异动成交量在100万股以上的股票。我对涨幅排行榜上股票的关注要远远大于跌幅排行榜，因为我更擅长做多这类股票，但如果你更擅长做空的话，跌幅排行榜上会有不少股票在未来几天将持续走低。当我发现一只股票刚刚启动了一轮或许能持续上好几天的走势时，我就把它添加到周一开盘前就编辑好的每周关注列表里。

当我休息好后，我开始挨个过一遍"每周关注"列表里的100至150只股票。我在一个显示屏上调出日线图，在另一个显示屏上调出30分钟图。我可以设置好软件的记忆功能，这样当我点击一个股票代码时两幅图会同时被调出。然后我用键盘上的向下键迅速地下拉切换股票。在第一次过这个列表时，我大部分注意力集中在30分钟图上，当然我也清楚了解在另一个显示屏日线图上的长期趋势。当我在30分钟图上发现使我感兴趣的股票时，我在纸上把它们的代码一一记下来，然后重复这个过程直到把整个列表上的股票都梳理了一遍。

现在列表被压缩到只有20至40个股票代码（我的"每日关注"列表），之后再经过一轮精选后就只剩下数只我觉得临近低风险高收益的介入点的股票了。至此我开始把注意力更多地放在10分钟线上并且关注量能趋势、支撑和阻力位的距离及可能的交易触发点位。如果一只股票表现出会走出单边走势的极大的可能性的话，我会尽量找出股价为达到低风险可介入的强劲势头所必须突破的关键价位。如果关注的股票在日线时间周期上处于阶段2抬升期而在10分钟线上处于阶段1蓄势期，我会尽量跟踪直至确认二者趋势达到统一的时点。例如，假定处于上升趋势中的股票在过去一至两天获得了支撑并在 24.50 美元形成了短线阻力，我会在该股票的代码旁边写下 24.48 美元，并把该价格设置在我交易平台的股价预警里。如果股票在接下来一天的交易里达到了这个价位，我会收到语音和图像预警。重要的是得把预警价位设置在实际阻力位下方几分钱的位置，因为在阻力位上可能会有密集的买单被触发；这样我就有机会提前调出该股的实时走势图和 Level-2 二级报价系统，以便更密切地监测其走势及在点击下单前做最后一分钟的交易准备。

当势头在关键价位下方酝酿时就开始关注该股使我能够提前*预见*到股价接下来的走势，而不是对已然发生的走势进行被动反应。这样主动出击先发制人可以使我在股价突发预警时把情绪化因素对短线思维的干扰降到最低。

做完了筛选股票和设置预警这一步后，我会快速但是全面地回顾一下大盘走势，在这一过程中记下我对明天走势的看法及关键的支撑位和阻力位。我常常也会把这些大盘点位设置进预警里，以防我在集中注意力关注个股的时候被大盘出乎预料的波动弄得手足无措。这些每日盘后例行公事完成之后，我这一天的工作就在傍晚时分结束了。

盘前

我通常在开盘前一个小时就坐在交易席位上了。我所做的第一件事是看看我持仓过夜的那些股票在盘前交易中的表现①。如果仓内有股票逆我而动超过两到三个百分点，我会在盘前交易中对其格外关注以确保它不会

---

① 除每个交易日里的正常交易时段外，美股也允许盘前和盘后交易。这些非正常时段里的股票成交量不大，流动性不强，买盘和卖盘挂单的价差较大。（译者注）

第十八章　总结

给我的资产造成进一步损失。如果这只股票的弱势持续的话，我通常会迅速卖出，尤其是当它放量或者看起来在正常交易时段将会继续走弱时。立即处理掉持仓过夜带来的亏损可以防止我被该股的每一笔成交所困扰，让我全身心地投入到其他回报更高的交易中去，这样我才有更好的机会来弥补这些起初的亏损。

如果持仓过夜的股票向着对我有利的方向跳空的话，我通常会在盘前交易中卖掉至少部分仓位来锁定一些盈利。然而在盘前交易中卖出也并不是随意的。我会监测带有 VWAP① 的即时成交图（根据股票交易的活跃程度选择不同的即时成交笔数，有时针对量能较小的股票采用 50 笔即时成交笔数直至对成交非常活跃的股票采用最高 500 笔的即时成交笔数），只要成交均价朝着有利于我的方向变动就继续持仓。一旦股价跌落到成交均价之下（假设我做多），我就会卖掉大部分的持仓，对剩余部分仓位则期望在正常交易时段可以在更好的价位退出。

如果盘前交易的走势并未影响到我的持仓，我接下来会看看隔夜期货市场是否可能会影响到当天的走势并对我设置的大盘预警点位做出任何必要的调整。之后再浏览下我的每日关注列表上的股票，看是否有任何盘前异动。如果有做多目标股跳空走低两个点左右的话，就把它从考虑之列中删除，同样如果有做空目标股跳高 2% 的话也会将其删除。即便是有关注列表上的股票在盘前交易中发生股价或成交量异动的话，我也会十分小心不让自己由于过分激动而在这个时段建仓。盘前交易往往成交稀薄，股价波动剧烈，一般来说最好是利用它卖出变现隔夜持仓而不是建立新的仓位。

在过了一遍关注列表里的股票后，我接下来会浏览下头条新闻看看是

---

① 成交量加权平均价格线，即成交均线。（译者注）

否有消息会影响到我当天考虑进场的股票。这个过程一般只需要花上五分钟。我很少完整地阅读关于一只股票的报道，因为我是依据市场对消息的解读来做出买卖决策的。

盘前例行研究为我对当天市场整体上最可能的走势看法定了调，使我对应该倾向于做多还是做空的交易机会有了一些概念。我会尽可能地预测市场是否最有可能持续近期的单边走势，或者对近期的涨跌幅进行盘整，抑或者短期趋势将发生反转。

从实际情况出发，市场每天最可能的走势是在一定的范围内进行盘整。正如之前关于趋势的那一章所探讨的，市场走势倾向于突破加盘整。因为趋势性单边走势通常表现为短线上的爆发，因此剩余的大部分时间都是在对短线猛拉进行盘整。如果市场上的整体走势处于一轮主上升趋势中，我倾向于把大部分注意力集中在做多的机会上，正如在下降趋势中我会把注意力集中在做空交易上一样。而当市场显示出长期盘整的态势时，我尽量不在个股各自的走势之外持有任何方向性的选择偏好。中性市场行情的好处在于市场上做多和做空两方面的好机会常常会并存。当然，这只是我认为的最可能发生的情况；市场走势或许与我的判断完全不同，因此我所持的观点必须保持一定的灵活性。我的关注列表中既有做多又有做空的目标股，这可以确保无论市场朝哪个方向波动我都将有备无患。

市场	强势股	弱势股
平盘	平盘至上涨2%	平盘至下跌2%
上涨2%	上涨2%至5%	平盘至上涨2%
下跌2%	平盘至下跌2%	下跌2%至5%

图18.1 市场的整体趋势在很大程度上决定了个股的走势。上表并非是任何正式研究的结论，但给了我们一个关于相对强势的大致概念。

在开市钟敲响前的五到十分钟内，我会对当日关注列表上的股票的股价图再进行一次核对，做些最后的标注或对预警价位做出些调整。我就是在这个时候最终确定两到三只股票，在开盘时对其进行密切关注。最后，我会抽空上个洗手间，再把咖啡加满，然后就坐等开盘钟声响起了。

开盘

　　在市场刚一开盘时纷繁芜杂的密集成交中，重要的是深呼一口气保持淡定。这是一天当中最令人惊心动魄的时刻，很容易就让人做出事后会后悔的情绪化的买卖决策。因此要有一个预先制定的行动方案在别人一时冲动的时候帮助你保持冷静客观。市场开盘时的走势相当迅猛；经常会看到十个甚至更多的股价预警在开盘时分同时被触发。显然你不能并且很可能也不应该交易所有的这些股票。我会把注意力放在 5 分钟和 2 分钟线上，尤其是专注于我认为有最大获利可能的目标股——就是在我眼前的笔记上事先做过标记的那些股票。

　　我会格外关注与此时的市场整体性趋势走向相一致的一两只股票。我并没有一个既定的规则来决定在买入或卖出之前要等多长时间。有时我会立刻做出买卖决定，有时我可能会等上一个小时才决定是否值得进场，这时就是交易经验发挥作用的时候了。在刚开盘的 30 分钟左右我会格外小心谨慎，因为正是在这段时间里买方和卖方为当天的趋势走向进行最为激烈的你争我夺。走势可能快速反转，如果你的纪律性不够强没能不带任何情绪因素及时斩仓的话，会给你造成严重的亏损。在买卖操作前等待多长时间在很大程度上取决于当天市场上的不确定性因素。假如你问一位外科医生刀口要切多深，他/她会告诉你这取决于手术的类型、病人的年龄和身体状况等一系列因素。同样，在股市上这取决于市场的整体趋势性走向、启动时的量能、是否将有重大消息发布及众多其他因素。

如果你在休市的时候已经做足了功课，那么看盘时你就会较为客观，在市场每天开盘时的混战中保持足够的冷静。

盘中

随着盘中交易逐步展开，必须要有一个筛选你在盘前就准备好的关注列表中目标股的定期机制。在我完成最初的几笔成交后——或许已经有了一些盈利——我会过一遍我的每日关注列表来锁定其他一些正在酝酿中的交易机会，为此我通常会使用5分钟线来做分析，看看是否有股票正在靠近某个关键价位。如果发现了任何目标的话，我会进一步深入到2分钟时间周期上，或者重设股价预警，或者早先已经设置好了的话就考虑哪个位置将会是适当的介入点及我愿意承担多大风险。我在一天当中通常会把关注列表过上好几遍，寻找任何正在展开的有利可图的走势。

要注意随着交易的进行，你在头天晚上的分析中计算的风险收益比率可能会发生变化，这会导致一些操盘计划失效或者风险过大不再适宜考虑，因此需要等股票再走走看是否会出现低风险的介入点。你的操盘计划需要有一定程度的灵活性，但这并不是说你就要随时做好准备卖空你原本打算做多的股票或者做多你原先计划卖空的股票，而是说你要随不断变化的市场走势做到顺势而为。每天进场时心理上做好应对任何行情的准备，而并不仅仅是囿于你头一天分析的那一种走势。请注意你的操作所专注的时间周期越短，对你不带情绪化地准确解读实时成交的能力要求也就越高。

当市场交易逐渐归于平静而我也借机饶有兴趣地筛选过了我的关注列表，接下来我会做做其他方面的市场研究。在盘中进行的研究并不是出于寻找新的交易想法的目的，而是为了评估一下市场目前的整体心理状态。为此我会浏览一些头条新闻，有时也会完整地读一篇主流财经门户网站的报道和一些高质量的博客。但是要小心，不可太过看重博客里所表述的观点，因为写写博客是相对容易的一件事，它并不能保证作者具备任何交易实战经验。我目前持续关注的博客列表可以在这个网站上找到：www.alphatrends.net。

其实我的交易想法也并非全都源自自己的研究，我有时会在某个网站上读到一家让人感兴趣的公司，或者某篇新闻报道让我想要进一步研究一下它谈到的股票，等等。尽管一篇研究报告可能会激发我对一只股票的兴趣，但我绝不会仅仅基于别人的观点就投入资金进行交易。在我投入哪怕是一分钱之前也总是会在多重时间周期上先核实一下股价走势。利用这些投资咨询服务或者听取你所看重的其他交易者的观点并没有错，但是承担投资风险的是你，只有你自己会对你决定买卖什么股票负责。

在市场成交颇为清淡而我也找不到什么上手优势的交易日里，我中午会小憩一会儿，骑骑自行车、跑跑步或者干点其他别的什么事儿，反正不会一直出神地盯着电脑屏幕不停地想找点什么来交易。这种自由度就是为什么我如此喜欢做一名交易者的部分原因。当我返回到座位上时，我又会感到精力充沛，能够更加专注。

尾盘

交易日的最后一个小时会是一段繁忙的时间，尤其是当天市场表现出强劲的单边趋势性走势的话。即便你在早盘错失了一些良机，尾盘最后一小时的交易也会为你再提供一些非常好的机会。除了继续参与交易外，最后一小时也是做出是否应该持股过夜的决定的时候了。如果你已经做足了功课并且有信心不存在任何已知的潜在因素会导致趋势夭折的话，那就没有理由不在接下来的一天里继续持有手中的牛股。

我经常会在收盘前卖掉部分盈利的股票，这么做不仅是为了锁定一些利润，也是为了降低我所承受的隔夜市场的不确定性及总的风险暴露（这属于偏防御性的策略）。如果我这一天下来仍有亏损的话，我几乎总是会在收盘前把亏损的持仓全部卖掉，这样我就能在如释重负般的舒适感中结束一天的工作。我在第二天很可能会重新再参与到这只股票中去，或许还能以更低的价格买回来。

对交易业绩的焦虑感

交易者们通常会因为在日或者周时间段上跑输大盘而感觉不爽，但是对于一名交易者而言其成功并不是来自如此短线的衡量或者比较。我们都曾有过跑输或者跑赢大盘的时期，但长期而言，真正成功的交易是无论大盘的表现如何都能够持续保持盈利。

在每个交易日结束时，你并不应该仅仅专注于你的盈亏状况，也应该关注你在当天交易中的思维过程和操盘计划的执行情况。如果你一以贯之地按计划操盘但最终仍然得不偿失，那么你需要重新评估一下你的交易方法。尽管市场确实存在着周期性的规律，但没有一种策略能够做到一直稳赚不赔。你需要持续不断地客观回顾一下哪些操盘计划是行之有效的、哪些并非如此，以便可以随时进行必要的调整。

对交易成功非常重要的是进行自我反省的勇气和能力，你需要问问自己你的交易业绩应该归功于你清晰解读市场和有纪律地执行操盘计划的能力呢，还是只是市场行情让盈利变得容易些罢了。市场有时候确实会对交易者不薄，短时间内就能让人赚得盆满钵满。不幸的是，这样的好日子并不长久。窍门就在于当市场开始变脸时你得能保住这些利润。许多交易者在经历一连串的盈利之后会遭受惨重的损失，原因就在于他们沉迷在一种不切实际的感觉当中："我并不是真亏，只不过是把盈利又吐出来而已。"

这是一个危险的想法，源自之前的不败所引发的骄傲自满情绪，它让交易者在巨亏面前缺乏必要的戒备之心。*任何时候都要严肃对待亏损，一有机会就要把亏损降至最低——不可优柔寡断*。否则的话就是一名纯业余选手的做法，他们在牛市里大赚特赚，可是一旦趋势终结就又把利润全部吐了出来，然后开始抱怨都怪市场行情不好。专业人士会客观地听取市场发出的声音，根据市场环境的变化迅速调整策略。

需要考虑的几点

在任何时间周期上开始交易之前，都有一些技术要素需要考虑。不断变化的市场环境使得给出一份无所不包的技术要素列表变得不可能，但是需要考虑的第一要素无疑即是否存在一个获利可能最大化同时风险明确可控的交易机会。满足以下标准的机会可以使你在交易中具备上手优势，否则的话，你就是在赌博。

为了在交易中占据优势地位你需要做到以下几点：

· 跟随主趋势运动的方向进行交易（即 50 日移动平均线的走向）。

· 只有当移动均线系统上扬时才进场做多。

· 只有当移动均线系统下行时才可卖空。

· 尽管不能因为市场整体不景气而无视一个好的交易机会，但还是应当对市场的整体趋势和关键阻力位和支撑位做到心知肚明（你或许也需要根据市场的整体状况来调整你的交易规模）。

· 在短线时间周期上找准你的进场时机，也就是说当短线周期上的趋势与长期趋势走向相一致时进场。

· 基于市场走势测算你所承担的风险（支撑位和阻力位的位置），而不是基于某些随机的百分比或其他方法。做多时止损位应该设置在最近一次回调的低点下方一点的位置，做空的止损位应设置在最近一次反弹高点上方一点的价位上。

· 找到最有可能的支撑和阻力位以确定趋势是否会失去持续下去的动力（这也是确定潜在的目标价位的基础）

· 要知道大量的卖空仓位代表着未来的回购需求，但是空头卖方常常是对的；只是有时他们卖空的时机没有把握好。

· 要了解会有哪些潜在的催化剂将导致股票的成交活跃起来。知道公司基本面报告的发布日期并不意味着你必须得是公司业务领域的专家。

· 在新的短线行情势头启动时即进场参与。对做多而言，在股价突破了过去一段时期的短线阻力位时买入；而卖空的介入点应该是当股价跌破了短线支撑位时。

· 一旦你设置的止损位被触发就要立即止损。

· 通过研究成交量的变化来确定趋势持续的可能性。若量能发生异动，需更加密切关注这只股票。

· 手中的股票突然朝着对你有利的方向变动时要借机出掉部分持仓；获人赠马，勿看马口。

第十八章 总结

- 应在短线时间周期上管理手中的持仓，买卖决策应当基于对趋势的严格定义。

- 对牛股应当有足够的耐心，当趋势有了反转迹象时再卖出。

综合考虑上述因素，当大多数的技术要素都支持你对股价走向的预测时，你的交易计划就有更大的可能会获利。当然，不存在全无风险的交易，这就是为什么没有备份方案的交易计划是不完整的计划。

规划

为了在市场中获得成功，你需要去客观地聆听市场发出的声音，根据账户资产合理确定交易规模，并对风险进行管理。为了具备这个客观性，你必须对市场是如何运作的有一个深入的了解。熟悉市场的第一步是了解资金在市场中的周期性流动以及市场的各个组成部分是如何结合起来形成一个清晰的市场结构的。

从理论上讲，交易很简单——无非就是低买高卖。但是人们很容易把易于理解的概念与难以执行的策略混同起来。如果你见过老虎伍兹打高尔夫球、麦克菲利普斯参加200米蝶泳比赛或者小托马斯布拉迪把橄榄球直接扔进50码开外的接球手的怀中，这些看上去貌似都很容易，实则不然。对于一名新进市场的参与者来说，股票交易同样如此。事实上，尽管"观看比赛"或许很容易，但只有那些刻苦训练并最具经验的球手才能够持续打好每一场比赛。一般的体育爱好者是无法和世界级运动员竞技的。然而，大多数向往成为交易员的人们却以不同的眼光看待和专业选手同场交易这件事，他们认为与其竞争所需的只是交易资金而已。与竞技体育的原理基本相同——市场上大多数资金雄厚的业余选手将会把他们的资金输给更具专业知识和经验的市场精英们。

在优秀的交易员手中即便是差强人意的股票通常也会比略逊一筹的交易员手中还不错的股票的最终交易结果要好。选股容易，交易难，因此在你锻炼好交易技能之前，应该把你的交易规模占账户资金余额的比例控制在较低的水平。当你有了必要的市场经验，了解了交易中的动态关系以及市场结构，你就具备了令人羡慕的交易技能。

股市中无论在哪个时间轴上进行交易，都不存在一个唯一不变的成功公式。如果你的目的是想通过股票交易找到一条赚钱的捷径的话，那你就是在浪费时间。通往成功的唯一道路就是努力工作，保持纪律性，并且要不断地学习再学习。技术分析是一个工具，它可以使你在研究市场时保持完全客观性，并且一眼就能看出变幻莫测的市场上唯一真正不变的常量——人性。

作为人类中的一员，我们的行动或者对某个特定环境的反应性举动是有非常高的可预测性的。如果我们能够洞悉其他人情绪上正在发生的变化，那我们往往就能利用其人性中的弱点来获利（我可从未说过市场是个"仁义"之地）。

交易就是为了获利。要像大多数成功的市场参与者那样，学会以一副冷漠的眼光看待市场，只有当胜券在握时才出击。专注于从人性中学习和成长，成为市场始终不渝的学生，你终将实现你的目标。

威科夫量价经典著作

孟洪涛，美籍华人，职业机构交易员，先后供职于美林资产管理部门、通用电气资产管理集团风控部门，曾任美国芝加哥商品交易所亚洲区特约讲师。

《新威科夫操盘法》：揭秘对冲基金不愿公开的交易策略

理查德·威科夫是上个世纪初与杰西·利弗莫尔、江恩齐名的三大实战大师之一，威科夫方法是一套基于市场运行基本原理——供给与需求的关系，研判证券价格与交易量关系来识别主力操控市场的技术分析工具。掌握了这套秘诀，证券市场中的大资金主力的每一个操作意图和操纵手法在您面前都将表露无遗，紧跟他们的步伐，做出好中更好的精明决策，您就能像职业人士那样在市场上持续盈利。

《威科夫操盘法》是孟先生把自己学习、应用威科夫方法的经验与中国市场相结合的量价分析典范，两个版本对照阅读，更能让您学会从不同的角度、用不同的思维方式去看待市场，从而找到交易员自我修炼的进阶之道。

微信扫码订购

微信扫码订购

理查德·威科夫成名代表作《擒庄秘籍》

本书是理查德·威科夫基于其45年实战经验所写的操盘秘籍，是华尔街对冲基金经理秘密流传的量价分析宝典，书中详尽解读了威科夫操盘法三大工具：竹线图、点数图、波线图，学习本书内容的时间越长，您就会变得越专业。

本书译者孟洪涛先生把英文原著贴身携带了20多年，一有闲暇就重读，实战中遇到困惑都重读本书寻求答案，如此反复，已重读100多遍，每次重读都有新的感悟。

微信扫码订购

价格行为交易系统三部曲

阿尔·布鲁克斯是华尔街技术分析大师,是价格行为交易领域的权威,他在价格行为(PRICE ACTION,简称PA,又称裸K)分析领域做出了很多开创性贡献,被尊为"鼻祖",在全球期货交易界拥有极大的影响力。

在数十年的交易实践和研究中,布鲁克斯出版了三部著作:

1.《高级趋势技术分析:价格行为交易系统之趋势分析》的最大价值在于它阐明了如何理解价格行为,以及逐根 K 线分析走势图的意义,如何追踪由主力机构所推动的形态,通过小止损、早入场的策略,让主力机构为散户"抬轿"并最终获利。

2.《高级波段技术分析:价格行为交易系统之区间分析》精妙讲述如何对价格行为进行技术分析以识别交易区间,并从中获利。

3.《高级反转技术分析》揭示了当前市场上各类反转的类型,详细讨论每一种类型的特点,便于读者在日常交易中灵活运用。虽然价格行为分析在各种周期中都有效,但对于日内和日间、周线和月线还是有不同的运用方法。

微信扫码
查看详情

《以趋势交易为生》和《日内微趋势交易》

在华尔街,托马斯·卡尔被称为"股票X博士",他是"和趋势做朋友"基金的对冲基金经理及"和趋势做朋友"公司的创始人兼CEO。

卡尔博士的《日内微趋势交易》缩短了学习曲线,让你轻松驾驭波动性的力量,快速盈利。微趋势交易将使你超越基本分析和技术分析的境界,让你去发现藏在口袋里的理性——每日交易开盘与收盘之间的微趋势。书中不仅有典型的案例让你快速思考,还有卡尔博士的经历了时间考验的交易策略能让你马上实践。再配上卡尔博士研发的极易操作的100%的机械式系统,让你不必整日坐在电脑前。

《以趋势交易为生》则分享了"以交易为生"所需要的所有技术、趋势知识和交易信心。卡尔教练会带你走过交易的每个步骤,让你一步一步地理解趋势交易。

微信扫码
查看详情